青衣翘楚

李炳淑

郭宇 徐幸捷 唐燕能 主编

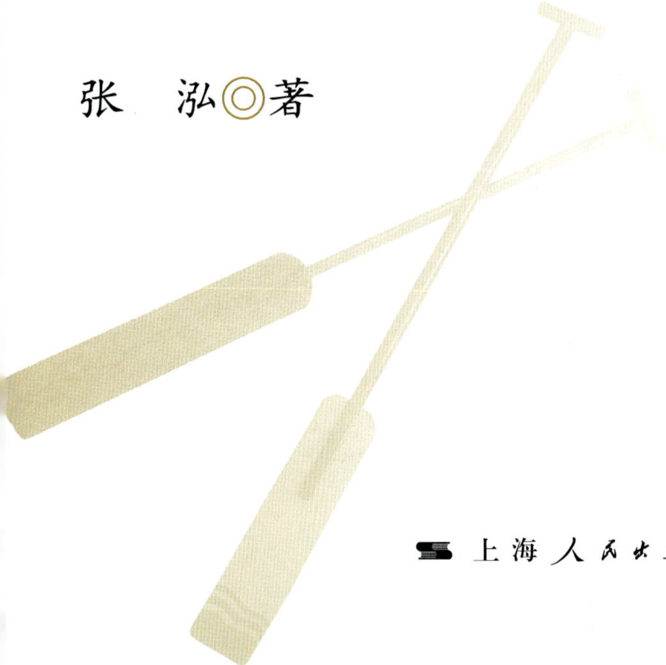

张泓 著

上海人民出版社

菊坛名家丛书

编委会

本丛书出版得到上海文艺人才基金资助

李炳淑

1960年李炳淑与同学金锡华在学校合演《女起解》

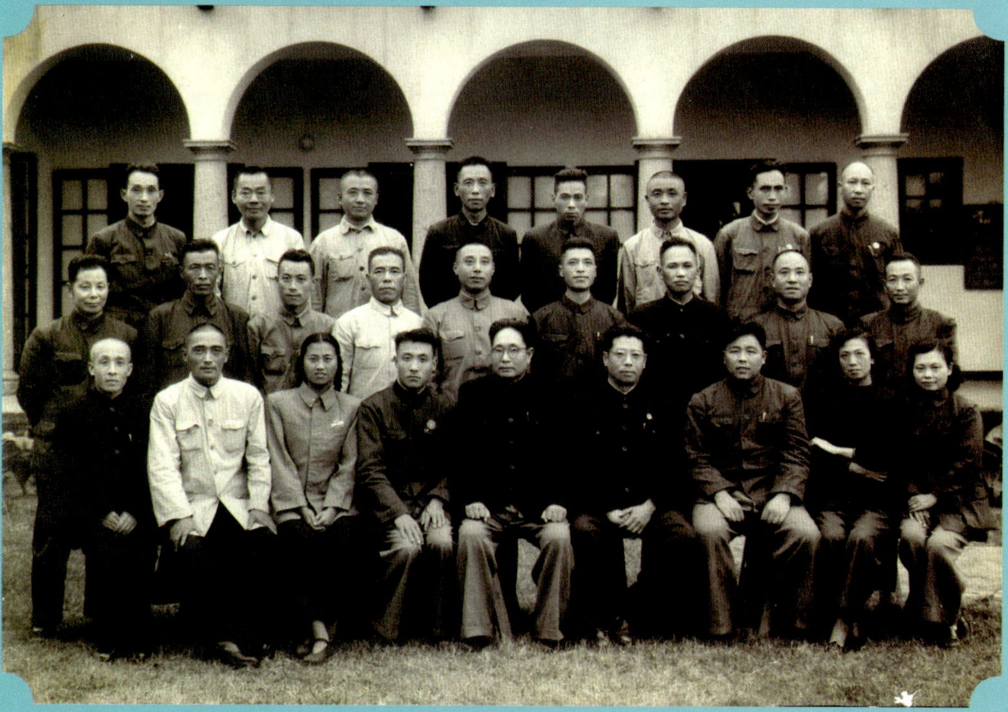

周玑璋校长（前排右四）与“传”字辈等老师们

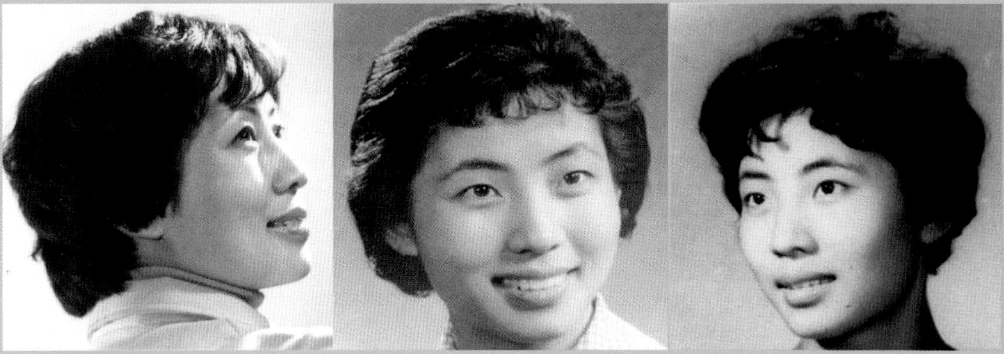

青年李炳淑

1953年全家福。前排：左一为二妹；左二为大弟李炳繁。中排：左一为李炳淑；左二为父亲李润甫，怀中小儿为小弟李炳玉；左三为母亲徐孝云；左四为大妹李炳华。后排：左一为三哥李炳顺；左二为二哥李炳凯

李炳淑（右）演《杨门女将》剧照。1978年，恢复上演传统戏《杨门女将》，孙花满饰佘太君

李炳淑《白蛇传》剧照

李炳淑演出《宇宙锋》造型照

李炳淑在《杨开慧》中扮演主角

1964年《柜台》剧照。李炳淑（左二）饰演李慧萍；李永德（左一）饰周金山

李炳淑在京剧《龙江颂》中扮演江水英

1973年，李炳淑与著名作家冰心（中）、世界跳高冠军郑凤荣（右一）在日本

20世纪70年代，李炳淑与著名演员蔡瑶铣（前排左一）、祝希娟（后）、红线女（前排中）合影

李永德、李炳淑夫妇，与女儿李炜、女婿周进荣

1965年《南海长城》剧照。李炳淑饰阿螺，李永德饰区英才

《凤还巢》三位“程雪娥”合影。左为沈小梅，中为杜近芳，右为李炳淑

2008年8月，李炳淑辅导学生王丽华排演《龙江颂》

2009年，李炳淑与程派名家李蔷华（右一）参加河南电视台《梨园春》拍摄

李炳淑与青年观众在一起

《李炳淑京剧演唱集》，由中国唱片上海公司出版

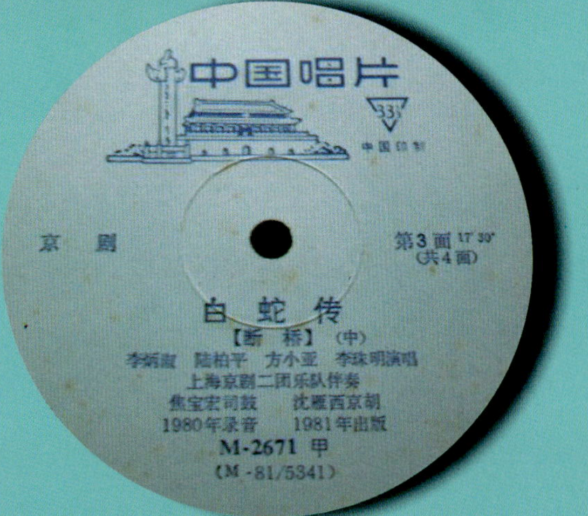

《白蛇传》1995年获第三届中国唱片“金唱片奖”

序

京剧以伟大国粹的艺术力量和审美价值，集中反映了我们民族的优秀文化和艺术传统，深深吸引、影响、教育了一代又一代中华儿女。

在京剧继承、发展道路上，一批批京剧人不懈努力、发奋进取、躬耕舞台，谱写了一篇篇洋溢着艺术热情和精湛造诣的人生诗篇，优秀京剧表演艺术家李炳淑同志就是其中的一位。

20世纪60年代初，李炳淑同志作为上海戏校毕业生中的佼佼者、上海青年京剧团的顶梁柱，参加了具有特殊意义的赴港演出并担任主演，以《杨门女将》中的穆桂英一角崭露头角，让香港同胞刮目相看，体现了新中国戏曲人才培养的非凡成就。70年代，她成功饰演了《龙江颂》中的江水英，颂扬了舍小救大、胸怀全局的共产主义精神，多次受到毛主席、周总理等中央领导的亲切接见。80年代，她又以在电影《白蛇传》中的精彩表演，再一次征服了观众，刷新了戏曲电影的票房纪录。在解放思想、改革开放的大潮中，她带领上海京剧院二团走在了全国院团体制改革的前列。她还热心投入各种交流演出、讲学，将京剧艺术的种子播散到海内外。舞台上，她是一流的梅派大青衣，对梅派艺术进行了高水平的传承，将梅派精华和魅力展现得淋漓尽致；舞台下，她是一名理想坚定的共产党员，一名有胆魄、有见识的改革者。她朴实、善良、热忱、宽容，她的艺术力量让人动容，人格力量让人感佩。

传记《青衣翘楚：李炳淑》以李炳淑艺术人生中的重要经历为脉络，

真实展现了她深深的师生情、手足情、故乡情、爱国情，作者以清丽细腻的文笔、深沉浓烈的情怀，全面生动地反映了李炳淑同志的艺术和心路历程，折射出京剧世界迷人的光彩。

此书专业性与可读性兼具，对于艺术界的同行，对于喜欢她的朋友，对于爱护国粹艺术的观众，对于所有关心国家、民族思想文化事业发展的人们，都是宝贵的精神食粮。

此书系上海戏剧学院附属戏曲学校与上海人民出版社合作的“菊坛名家丛书”之一种。从总结传统、研究民族优秀文化为宗旨，体现了以高度的文化自觉和文化自信建设中华民族共有精神家园的要求，功在当代，利在千秋。《青衣翘楚：李炳淑》的出版无疑为丛书增添了浓墨重彩，可喜可贺！

祝李炳淑同志永葆艺术青春！

陈至立

2012年1月

目录

序　　陈至立 / 1

撞入梨园的闺秀

——与那个家 / 5

一枝梅，尘封于历史

——与恩师杨畹农 / 17

莲子甘苦，尝才知

——与恩师魏莲芳 / 29

思君不见君

——与恩师张君秋 / 37

一春鱼雁赏花频

——在上海戏校 / 47

几番梦回中南海

——与共和国领袖毛泽东 / 59

浴火凤凰出清声

——《杨门女将》去香港 / 79

家喻户晓“江水英”

——主演《龙江颂》始末 / 99

玲珑剔透巧构思
——小戏《审椅子》/ 129

水银灯下的传奇
——《白蛇传》创出戏曲电影最高票房 / 139

鼓板撼动满天霜
——迈出改革步伐 / 159

铜壶玉漏催凄切
——《三娘教子》折子戏与全本 / 181

上错花轿嫁对郎
——《凤还巢》的兴味 / 189

斯文一脉余绪在
——“温良恭俭让”/ 197

云笼月影风弄铁
——病魔曾投下阴翳 / 213

芳草萋萋人未归
——与丈夫李永德 / 219

结语 / 234

感谢录 / 237

后记 / 238

参考文献 / 240

撞入梨园的闺秀

——与那个家

时光步入20世纪，演员在欧美早得到了应有的尊重，但在中国仍然是地位低下的一群。谢晋因为准备报考国立戏剧专科学校，他的望族世家欲将其赶出门庭而后快；言慧珠直到17岁才学戏，是因为早已下海的父亲不愿女儿辱没家风；顾正秋考上上海戏剧学校，支持她的母亲不得不与夫家断绝来往……

李炳淑比以上诸君晚出生了约莫20年，但情形并未发生改变——当她要跟梨园扯上关系时，严厉的母亲第一个出来阻挠。这使得李炳淑与京剧的关系以一种富有戏剧性的方式展开：母亲越是阻拦，越是强有力地将她推进了京剧的怀抱。

旁人疑惑：这些不为生计发愁的孩子怎么会失去理智闯入那一片乌糟糟的苦海？难道活该要被粉墨涸了色、画笔敷了形？

他们不知，被戏剧之神选中的人，命数如此。

“四小姐”翻了天

“四小姐”是谁？——李炳淑。她在八个子女中排行老四。

又何以称作“小姐”？父亲李润甫行医有年，开着诊所，并兼营旅馆，是安徽宿县有头有脸的绅士，故而小炳淑也有了敬称。

但并不是天下所有的“小姐”都娇娇滴滴、养尊处优。比如李炳淑，因为是女儿中最大的，按照母亲的要求，她要帮忙料理家务，照顾弟妹，洗洗涮涮，缝缝补补，为弟妹们作表率，并预备着做未来的贤妻良母。在20世纪40年代的中国北方，这是做女儿的规矩。而在她没有“风魔”之前，母亲确乎是满意这个女儿的。

其实，也不能怨女儿。问题大约出在父亲身上——他是位戏迷，带着家人频频光顾戏园不说，还乐此不疲地总拉着一把京胡消遣余兴。如果机缘好的话，说不定他也会是一个不错的老生。可是，老生未能修成，血液中的京剧细胞已神不知鬼不觉地传给了女儿。不知从什么时候起，四小姐发痴一般爱上了戏，而且爱上了和戏有关的一切大大小小、角角落落。

她爱趴在头排，看那一双双彩鞋云朵一样飘移，水袖像河流一样洒落，台上人看似不费力地轻启朱唇，声音就能勾魂摄魄一般。开戏前，她总和小姐妹拥簇着，隔着玻璃窗，细细地看旦角化妆。水钻和点翠折射出来的光芒，足以让她目瞪口呆意醉神迷。她甚至礼拜天也要早起，只为去戏园子看人家练功，那些刀枪把子挥舞出的轨迹美轮美奂，而吊嗓吼出的世界，既血性十足又袅娜妩媚。这个京剧的世界，真是五彩琳琅活色生香啊。

只要精神上有了准备，老天爷总会给行动的机会。某日，在她那间小厢房里，小姐妹们一拥而入：“阿炳，宿县京剧团招生啦！你不去呀？”

没等醒过神来，她已经被她们裹挟着前呼后拥着出了门，到了那个神圣的所在。端端正正站好，像是做梦一般。

“会唱什么呀？”听见有人问。

“看呀！是李老运家的四小姐！”围观的人群里有了点小骚动。这样的人家，娱乐一把也就算了，竟然动了真格？

“什么也不会。……唱歌还行。”

“那就唱一支吧。”

忘了唱了些什么，大概是当时的“流行歌曲”。

“有没有小嗓？”又问。

“什么是‘小嗓’？”虽然在戏园子里泡了好久，却并不明白行话。

“来，我唱一句你学一句。苏三离了洪洞县……唱！”

李炳淑照葫芦画瓢地唱了一遍。

对面人的眼睛睁得老大：“看不出，你还真有啊！”惊喜的笑意在脸上荡漾开来。

“这姑娘挺俊，黑里俏。”已经有人在估计她的舞台形象了。

“小姑娘，你考上了！明天就来练功吧。”对面人利索宣布。

人群里起了更大的骚动：“不得了，四小姐真要去唱戏了……”

而当李炳淑把这突如其来的“喜讯”告知家里时，却引起了一场剧烈的暴风骤雨。

“咱们家吃不少你的，穿不缺你的，出头露脸学什么戏！”母亲怒喝。

“不是为了挣钱……”李炳淑小声嘀咕。

“什么人才去学戏？不入流的人！被人看不起！”母亲的话很刺耳。

父亲倒是很欣赏女儿的勇气：“去试试，也没什么不好。”结果换回母亲一个极其不满的眼神。他不好多说了。

母亲所信奉的训条里，做女孩子得处处有风范、时时有规矩。说她老式也好，封建也罢，是无法真刀真枪对阵的。

“妈妈，就让我去试试吧。如果不合适，我会回来的。”李炳淑哽咽着尽力周旋。

“不准去。”还是冰冷冷的铁板一块。

“妈妈……！”

“再说一遍，不准去！”

“我一定要去！”不知哪里来的胆子，她不依不饶地顶了一句，声音很小，却像一根绣花针，锋芒刺人。

母亲有点惊讶，这个平日看起来柔柔弱弱、不声不响的女儿，为了学戏，竟然一反常态。难不成，她风魔了？

“我明天就去。”她转身走了。

说到做到。第二天一早，母亲发现，女儿没像平时一样烧火做饭，早已人去床空。

哼，小孩子做事，一时兴起罢了，等尝到了苦头，迟早是会乖乖回来的。那时候，看你如何羞羞答答地认错！——母亲的臆测只是生活常识的总结，但女儿对京戏那份超乎寻常的热情，远远超过了她的估计。她不知道，在黎明前最黑暗的凌晨四点，素日胆子不大的李炳淑，就风一阵起了床，一个人穿过黑黝黝的小巷，直奔城墙根外的护城河，那是最天然的吊嗓场所。她竟然根本不觉得孤独害怕，哼着新鲜的“苏三离了洪洞县”，一个绚丽多彩的时空即刻展开。脚下生风，胸涌暖流，背后仿佛长出一双轻飘飘的翅膀，她兴奋得要飞起来了！

“不唱出个样子，我不回来！”

练功，说不苦是假的。

虽然是新中国了，不像电影《霸王别姬》中那帮小小子们惨烈挨打，却也有切肤之痛。冬日里，长久暴露在外的手背和脚后跟，总冻得鲜红如桃，还绽着一道道口子。练功时稍一用力，便渗出点点血珠。

“这么糟践自己，能有什么出息！”母亲呵斥。

李炳淑擦了擦洇出来的血痕：“这算什么。”

“你说说，值得吗？”

李炳淑没开言。

母亲撇了撇嘴，把后半句咽了下去。毕竟，女儿受伤了，少说一句是一句。

李炳淑十五岁时在安徽宿县

在长久僵持的状态里，李炳淑开始一招一式地学戏了。起初她学花旦，一段《金玉奴》唱得煞有介事。但是她总觉得和自己气场不合，好比一个稳当内敛的人，穿了一件轻佻惹眼的花衣裳，怎么看怎么不是一回事。

“老师，我不喜欢唱花旦。”她开诚布公地和老师讲了。

啊？小姑娘家活泼可爱，不唱花旦唱什么？

“我喜欢穿黑衣服的。”她据实而告。

哦，是青衣！老师琢磨：小炳淑确实跟其他孩子不太一样，虽然也伶俐可人，但透着股同龄人少见的持重劲儿。好好培养的话，是个青衣苗子。

"那，今天起专学青衣。"

半年后，老师要求学员们统统上台跑龙套，李炳淑成了"宫女"之一。台中是红花，她们是绿叶，可这个不起眼的绿叶也被人认了出来。于是，母亲的怨气又被激起来了。

"听说你抛头露脸了？"母亲的脸色很难看。

"老师说，一定要尽早踩踩台板，见见灯光，练练胆子，将来正式演出就……"

"丢人现眼！"母亲不愿再听，"人家问女儿做什么，你叫我怎么开口？……我告诉你，以后再别想出这个家门一步！"

女儿答得更快："不唱出个样子我就不回来。"她一闪身出了门。

掉了几滴眼泪，回头还要去演戏。油彩真是神奇的东西，轻轻一抹，婆娑泪眼就不见了；再一揉，换成了一张粉面含春威不露的脸儿。胭脂匀了，心里好像也不那么难受了。

以戏代药，再合适不过，也再奏效不过。

母亲的干涉越来越不能影响李炳淑。她的精力高度集中，璞玉一样的天赋渐渐显露出来，特别是那一条难得的好嗓子，愈发宽厚清亮，如晶莹发光的葡萄美酒，既有时光酿就的醇度，又有剔透迷人的华彩。她上了戏台，天生就该站在最中央。许多老师私下叹息：待在小小的县剧团，只怕要埋没了她！

有人曾戏言：怀才就像怀孕，日子长了人人都会看出来的。但怀才不遇者也古来有之。因此，聪明人都会想办法展示自己的才情。几千年前，渭水边上就有一位奇怪的老汉，用"愿者上钩"的钓鱼方式，成功推销了自己，成为后来赫赫有名的国师姜子牙。可以设想，若不如此，宝剑沉埋、明珠投暗也是再正常不过的事。同理，一个小地方的年轻演员，凭什么就一定让老天投以眷顾的目光呢？

可偏偏，小炳淑就是个幸运儿。她先是作为业务尖子，进了"宿县戏曲进修班"；又被蚌埠专区京剧团看中，想尽办法引入团去。而刚进团一年多，一个让人羡慕不已的机会再次降临到她的头上：领导决定，派她去上海戏校进修两年，回来挑梁演出。

得到消息时，李炳淑正在湖北演出。时间紧张，必须立刻返家准备。

家，那个让她牵肠挂肚又黯然伤神的家！

“不唱出个样子，我就不回来！”她想起那句气话，心中一动，这算是“唱出个样子”了吗？

有点忐忑，但没有因此放慢回家的脚步。她肩扛被褥、手拎脸盆，一个人雄赳赳从黄石坐船到芜湖，再到南京浦口转车。一路上，说冷清，也热闹——自有大大小小的行李作伴，叮叮当当的脸盆声相随。到芜湖时，夜已深沉，难以赶路，只好在一个小旅馆中留宿。18岁的大姑娘，形影相吊，怎能不怕？情急之下，她将桌椅尽数堵在门口，才敢睡了囫囵一觉。醒来正是凌晨四点，又揉揉眼睛，拖着大包小包冲向车站。

蓦然间，人生的两个片断奇妙重叠——第一次背着母亲、急吼吼出门练功的那个清晨，不也是在这个钟点？天色何其像似，处境又何其不同！让人感叹的是，只有在这时候，生命好像才陡然有了厚度，有了质量。耳边似有个声音在喊：炳淑，快走啊，跑啊，飞啊……她铆足了劲头，大步冲开那缥缥缈缈、苍苍茫茫的雾气，刺破浓密不见五指的夜色，把黎明前的第一丝天光，牵引了出来。

这样的夜，让她忘情，让她心动。

“妈妈，有我在，不怕。”

门里如豆的灯光摇曳，映出了父母惊讶的脸。

“怎么这个时候回来？”担心远远大过兴奋。

“爸爸妈妈，我要到上海去了，去学戏。”她把来龙去脉讲了一遍。

父亲高兴得直拍她的肩膀。母亲先是眯弯了眼睛，又顿一顿，一丝迟疑飞上心头。她定定望着眼前风尘仆仆的女儿，仿佛有点陌生。这个曾让她认定撞了南墙会回头的丫头，竟然闯出了天地。那个柔弱的四姑娘消失了，一去不返，而是换作一个就要闪耀光彩的演员了。

天一亮，李炳淑又早早睁开了眼睛，她要像往常一样去烧火煮饭，一双手却把她摁了下去。"不要起来，"是母亲，"再睡会，我让弟弟出去买早点了。"

幸福而短暂的几天，伴着一顿热腾腾的豆浆油条开始了。母女间久违的温情和亲密，飞快回到了正常的温度而且大度飙升，好像是对过去的补偿。母亲很主动。虽然有一刹那她会有点不自然，但女儿善解人意的眼神，即刻便融化了隔膜。拆洗被褥，打点行装，准备干粮……没有一件事，不是充满了笑声和抚慰的。这才是那个热乎乎的经常入梦的家啊！

临行，轻松愉快，脚下生风。未来不管走到哪里，心里的那根线，都注定要牢牢地拴在父母手里。别了，别了，安徽老家，炳淑会做个好样给你看的……

学戏，唱戏，心无旁骛，生命的轮子转得飞快，一转眼两年过去了。

再次想要回乡，已是1960年，举国大馑，满眼饿殍。家里怎么样了？李炳淑按捺不住，趁着个假日回到宿县。

父亲生病住进了医院，母亲遍体浮肿，弟弟妹妹饿得皮包骨头，像一棵棵快干枯的小树苗儿……李炳淑心疼极了，赶紧掏出带来的点心："快，快吃！"弟妹们像小兽一样扑了上来，母亲失声而泣。

"妈妈！"李炳淑和母亲抱在一起。

这是第几次母女紧紧相拥？李炳淑不记得，她只知道，母亲太累了，需

1982年，李炳淑（中）与大妹李炳华（左）、小妹李炳兰

要自己扶一把。此时，大哥、二哥都在大学深造，三哥刚考上淮南煤炭学院，父亲的恒产早交了公，靠着一个月几十块的工资养活近十口人，捉襟见肘，而且眼见难以为继。

李炳淑的工资也不多，只有专区京剧团发的24元，她感觉，这些钱能派上大用场。“以后，我每月给三哥支援五元生活费。余下的，都寄回来。”她尽量显得轻松，“我一个人，几乎不花什么钱的。”

从此，“四小姐”勒紧裤带过日子，除了满足基本的温饱，余下的一分不动统统寄出。1961年她毕业后，因为业务突出，定为文艺五级，每月能领到60.5元，和以前相比收入丰裕不少。这时她的开销也多了些，但其中的30块，还是雷打不动地给家里，逢年过节，还要额外添上一些。“妈妈，有我在，不怕。”

这个家靠着她的肩膀，渐渐扛过了难关。

物质上的帮助固然让母亲欣慰，但最让母亲动容的，是女儿能代表新中国培养的第一代青年演员去香港演出。这件事不但改变了她对梨园行原有的看法，而且开始用带有敬意的眼神仰视女儿了。

1991年演出间歇李炳淑与母亲在一起

“李家妈妈福气好，女儿争气啊！”

邻居和朋友的赞美、羡慕，让母亲每天都无比宽心喜悦。母亲有时甚至有一点点后怕：如果当初炳淑真在自己的叱责下罢休了，如何对得起女儿？

1962年初，带着香江的鲜花和掌声，李炳淑载誉而归。回到宿县时，她那包硕大无比的旅行袋撑得满满当当，拉链几乎坏掉了。从未听说过的巧克力，从未尝过的太妃糖，从未见过的动物饼干，甚至从未穿过的尼龙袜子……被她像变魔术一样从袋子里拿出来，分给大家，弟妹们在一旁看得发呆。虽然，这些东西现在都普通平常，但在那个年代，就是拿着钱也无从寻觅的。

“爸爸妈妈，你们尝尝呀，好吃极了。”她挑最好的拿给父母。

“炳淑也吃。”

“我在香港吃了好多呢，都腻了。”她盯着弟妹们小馋猫一样的吃相，笑得出了声。

其实，她何曾碰过一个？但是，她真的不馋。这不馋，不是见多识广的自然结果，而是多年来大姐的身份使然。这一刻，幸福的感觉远远征服了食欲。

清风明月夜，风入窗棂，花送暗香。母女俩头一次打开心扉，拉起了家常。

“炳淑，妈妈一直想跟你说对不起……”

“妈妈，我应该感谢你呢。不是当初你的‘激将’……”眼见母亲脸上浮过一丝惭愧，她赶紧拉住母亲的手，“都是过去的事了，提它做什么？”

静谧的月色给寰宇铺上了一层柔美的清光，这让人陶醉的夜！

这个夜晚，伴着对母亲的记忆，留下一个美丽的背影，去了。

待不思量，怎不思量？

被六位青衣学生簇拥着的杨畹农（左四），左一为杨春霞，左三为李炳淑，左五为戏校副校长言慧珠

20世纪50年代的上海戏曲学校外景

青年京剧实验团赴港演出归来，俞振飞（左一）、言慧珠（左二），主演李炳淑（右二）

上海市戏曲学校第一届京剧班毕业纪念，二排左二为李炳淑

一枝梅，尘封于历史

——与恩师杨畹农

2008年3月的一个下午，上海戏剧学院附属戏曲学校突然热闹起来。几个戏曲表演专业的学生冲着门口睁大了眼睛——梅葆玖、李慧芳、李炳淑、杨春霞……一位位在京剧界最有影响力的名家三三两两鱼贯而入。

学生们窃窃私语：“今天有什么活动？”

“开研讨会。”

“什么内容？”

“纪念一个人，好像叫……杨畹农。”

“没听说过。”

杨畹农教学成果研讨展演说明书

学生们一哄而散，却不住地回望，来者们实在太有光彩。

李炳淑早习惯了这样的注视，而且总是含着笑回应的。但此刻，她低着头匆匆而过。除了和同行们打个招呼，她更愿意再静穆一些。前一夜，她没有睡好，近天明吃了两片安眠药才勉强睡着。

思绪乱纷纷。捡起哪一头，都无法冷静地捋到底。虽然，她向来稳得住阵脚。

只为这个人，这个永远高雅精致、诚恳宽厚的人。即使面对浩劫和灾难，气度不改。他就是杨畹农。

李炳淑眼角发酸。

内外行少见的嗓子

1928年，复旦大学体育馆。

一出《玉堂春》正在上演。海上名票云集台下。一场未竟，观众中已经有了说法："嗓音酷似梅兰芳，响度力度胜似尚小云。"被评价的这个人便是复旦商科学生杨善鸣。可是前不久，还听说他面黑身高，先天不足。可见此君是很下了一番功夫的。

不久杨善鸣毕业，入南京财政部关务署工作。这位身价不低的公务员，工作之余吊嗓、练功、演戏不辍，并渐渐有了"南京梅兰芳"的美名。终有一天，他按捺不住，在著名画家谢稚柳的引荐下亲访梅宅。民国报纸叙述："梅博士以杨为大学生，虽表示谦逊，结果仍收为师弟，不惜多方指导，俾杨能得其真传。杨为敬佩梅博士起见，特取其号畹农，与梅畹华（博士之号）同排一行……"

身体发肤，父母赐之；而姓名何尝也不是父母给的？能为了表达敬意而改了名字，可见杨善鸣决绝之心——哦不，他此时已不是杨善鸣，而叫杨畹农了。

杨畹农

从此，杨畹农与梅兰芳的交谊正式开始，并且绵延了40年。

梅兰芳曾称赞："杨先生的嗓子，内外行都少见。"他爱才，更欣赏杨畹农的书卷气，亲自为他说戏教腔，杨氏水平日日精进。20世纪30年代中期长江水灾，梅兰芳为筹款义演全部《四郎探母》，并特邀杨畹农演萧太后。演到"盗令"一场，杨一开口，台下轰动——这个"太后"和梅兰芳饰演的"公主”，嗓音几乎一模一样，他已经到乱真的境界了！

这就是天分。老天爷的厚赐，他人徒叹奈何。

不过，以这样的水准，始终做个“圈外人”，到底有点可惜。

转机出现在1956年。这一年，上海戏校开办京剧班。梅兰芳写信给上海文化局，推荐杨畹农任教。理由如下：许多梅派戏他都能说全场，包括锣鼓点子；当时梅门弟子初学乍练的人，梅辄嘱之“先去找畹农学学”；他有大学学历，又精通音律，修养过人，是极合适又极难得的师资人才。

杨畹农写得一手好字。戏校学生实习演出的幻灯片上的字幕，全是他用毛笔抄写而成。一豆烛光下，他往往要写大半个晚上。一次周恩来总理到剧场看演出，一见到幻灯片，便询问陪同人员何人所写，知道出自杨畹农手笔后，周总理盛赞其工整漂亮。

放眼当下的戏曲教育界，这样的人物要找出第二个也并非易事。同样腹笥的，不一定有同样修养；才华过人的，却难兼他中西合璧的知识结构。上海戏校高人济济，但提到杨畹农，无人不敬重。

能当他的学生，绝对是幸事。

这时的李炳淑，还只是一个刚刚考进安徽宿县京剧团的小丫头。虽然两年之后，她又调入了蚌埠专区京剧团，可是和这位老师的缘分，还远未开始。

世事难料，看似风马牛不相及的两个人，偏偏能在特殊的场合产生关系，此佛家谓之缘。据说，在全世界数十亿人中，一个人与另一个人相遇的可能性大约是千分之一，成为朋友的可能性大约是两亿分之一，成为师生的可能性更低。在这小于两亿分之一的可能性里，靠祖师爷成全，李炳淑作为蚌埠专区京剧团大力培养的尖子，被郑重送到上海戏校进修。

从安徽宿县到上海，李炳淑在车上足足捱了九个钟头。前一天还喝着煮开的淮河水嚼着馒头干，后一天就看到了浩浩荡荡的黄浦江，见识了时髦的“布拉吉”和高跟鞋，这实实在在地震撼到了“阿炳”。但这些，跟自己又有什么关系呢？

舍下这满眼华丽，上学去！

她不知道，与杨畹农老师的因缘际会，由此悄悄展开。

一出戏，学了半年

1959年，上海戏校。

一间宽敞的教室里，坐着一排老师，几乎是生旦净末丑各行当一时之选。许多名字，提起来是雷霆万钧的。而现在，他们都屏息凝神瞅着对面——就一个学生，李炳淑。上海方面对安徽送来的种子选手很是重视。她究竟由哪位老师带，需要集体决议。

不是考试，却比以往任何一次考试都让她噤若寒蝉。

“别紧张，”京剧组组长笑笑，“唱上一段。”

怎么能不紧张？自从跨进学校大门的那一刻起，她就觉得神虚气短。小地方来的土妞儿，处处露怯。

“那……唱《女起解》的导板和慢板好不好？”这是她最为自信的“代表作”，博得过掌声的。

“好啊。”

细看杨老师的身段，比女学生更女性化

“玉堂春……含悲泪……忙往前进……”她跟着胡琴唱起来了。

这句唱了不下千百遍了，怎么这一次那么别扭？像是踩着高跷走路，重心不稳，跌跌撞撞。胡戳乱扎着，终于唱完了，出了好一把汗。

“你什么派？”

“没派。”

“梅派？”

她赶紧解释：“没派，没有的没。”

哈哈哈。连刚刚因追不上她的节奏而弓子慌乱的琴师也笑了。

“嗓子不错，音色也好听，确实适合唱梅派，”边上一位老师开口了，

“就是有点浮而不实，夹着花旦味儿。”

“如果杨老师能给她调教调教，会大不一样。”另一位说。众人点头。

“杨老师，您看呢？”组长客气地问。大家都把目光投向一个人。

“可以呀，可以。”一声温和绵软的男中音不近不远地飘了过来。

李炳淑循声望去，是位年过半百的先生，戴着副玳瑁眼镜，头发一丝不乱，神色和善安详。她的心一下子安定了，妥帖了。心理学认为，信任、期待的情感可以使人产生一种“意向效应”，在极短的时间内拉近距离，产生安全感。李炳淑几天中的失重感，瞬时消失。

后面的两年，就要拜托这位先生了。

按照李炳淑自己的要求，她进了京大班。这个班里，只有齐淑芳和一年后调入的杨春霞比她小。最大的要年长她五岁。这个年龄结构也挺好，潜意识里好像压力小了些。

可是，她很快感觉到新的压力来了。

一段“二黄散板”，区区四句，她学了四节课，杨老师还是没有点头。

“我真笨呐！”她直骂自己。

“急什么？”他一点不生气，“你跟别人不一样，她们学新的，快。你得纠正错的，重新上路，自然慢。”

“而且我动不动就又回到老路上。”李炳淑听得出自己时好时坏、水平不定。有时冒出来的旧字杂音，像一把匕首，生生把一块上好丝绸划破了。

“所以呀，不能急。你放心，只要把基础打好了，上了正路就能举一反三，速度会越来越快的。”杨畹农气定神闲，自然有他的理由。见过了多少一不小心走歪了路、满嘴毛病的，想要重新归路，难度要比第一次学大得多。因此，刚收下这个学生，他就提醒：“既然来了，就要把以前学的统统忘掉，重新开始。你有决心吗？

“有！”李炳淑回答得很利索：“您就当我是个生坯子！……”

如今，她明白了，自己比“生坯子”难多了。

“杨老师，真是辛苦您……”

还能再说什么呢？她感觉自己像双眼蒙上黑布，脚上坠着镣铐，只能跟着老师谨小慎微地挪啊挪。什么时候能甩下累赘，剥去这层小地方带来的糙皮，她远远不知道。只好几十次上百次地重复，全力以赴地重复。好比朝圣之途上那些苦旅者们，一步一叩首，只为伴着沉重疲乏的脚步，在某一个时刻遇到神明，一刹那脱胎换骨、浴火重生。

一出《女起解》，别的学生学了不到一个月，而她花了半年。

六个月，一百八十天。这些让人痛苦的日子，挣扎着、跋涉着，终于一天天熬了过去。

多年之后，当李炳淑回忆起这段时光，苦味被完全过滤，只剩下浓郁的甘甜——梅派艺术的娇美花苞一点点向她露出了嫩蕊，绽放出让人神迷的光彩。这位造诣过人的杨畹农老师，将早期梅派的刚健飒爽之姿原汁原味、不差毫厘地倾囊相授。从发声吐字到收声归韵，到装饰音的使用和力度的控制……被他分解到纤毫般细致，又像微晶一样高度提纯。他给予李炳淑的，与其说是异常扎实的演唱技法，不如说是一种方法、一种气度、一种演唱思想。

当艰难而稳妥地度过最重要的半年多时间后，李炳淑学戏的速度越来越快，半个月，十天，一周……就是一出戏，而且质量很高。

在她刚刚品到好滋味的时候，学校领导找到杨畹农：

“炳淑学得怎样了？”

“还好。”杨畹农向来话不多。

“找个日子看一看吧。对人家安徽方面，要有个交待。”

很快，日子定下来了——大年初二。就在戏校简陋的小剧场，对外售票。戏码就是《女起解》。

“上海要出个小梅兰芳”

《女起解》是一出有来历的戏。

它脱胎于《玉堂春》，讲述苏三在起解途中对解差崇公道诉说身世遭遇并被劝慰之事。此段本来不能独立成戏，20世纪初经由戏曲界的“通天教主”王瑶卿和著名琴师梅雨田改良，成为一出梅派代表剧目。1911年，年仅17岁的梅兰芳登台首演《女起解》，好评如潮。此后，尚、程、荀及张君秋等反复演出，而且常演常热、各有特色。李炳淑能唱出几分梅派韵味？不得而知。

出票情况不错。从四毛钱的“豪华型”到两毛钱的“经济型”均已告罄，六百个座位座无虚席。上海戏校向来是有号召力的，戏迷扎了堆要看这群年轻人的本事。不过，面对李炳淑这个陌生的名字，观众免不了嘀咕：

“啥地方来的？”

“听说是安徽。”

哦，想来不如本地的灵光。不过总要有些本事，才能登堂入室上戏台。看看吧，但愿对得起票钱。

锣鼓起，胡琴响，苏三到位。听得扮演“崇公道”的金锡华一声唤，侧幕里的李炳淑屏息凝神，高高地拔出了一句“苦啊——”。

立即，满堂叫好！

“嗓子交关好！”观众笃定了：此行不虚。

戏校老师们更是惊喜，这个其貌不扬的小安徽，原来是一块光芒夺目的美玉！

只有一人害怕了：李炳淑。说来也不奇怪，各地观演习惯不同，安徽观众比较内敛，剧场里少有激烈反应。因此，李炳淑紧张得心中打鼓：台下怎么了？难不成是唱错了？可“崇公道”眼角发亮，一身抖擞，不像。

直到上场明了底细，才放下心来。

……

《女起解》大获成功。从此，李炳淑成了学校重点培养的对

1960年李炳淑与同学金锡华合演《女起解》

李炳淑饰演《女起解》

象。重重叠叠的花束中，她是最娇艳醒目的花蕊了。

2010年9月，北京长安大戏院。重阳节“霜叶红于二月花——京剧老艺术家演唱会”已经开场，很多戏迷还徘徊在门口想办法弄票。远远地，李炳淑这段《女起解》传了出来，一位白发苍苍的老先生感叹：“快七十了，嗓子还是这么棒！”

“好的梅派不多了，听一场少一场。”不知谁说了一句。

秋之为气也，萧瑟兮，草木摇落而变衰……秋天到了。

“天鹅阁”里操练西餐

出了这样的成绩，李炳淑自然是高兴的。下课时，觑两旁人少，想向杨老师道一声感激，却见他取出几颗糖。杨老师爱吃甜食。

“奶油椰子糖，非常好吃。”他递给李炳淑，“你尝尝。”

青衣组的孩子们围了上来，“来来，一人一颗。”他慷慨地把口袋倒了个底朝天。几张小嘴嚼啊嚼，奶油和椰子混合的奇妙味道立刻散发开来。

“这糖多少钱一斤？”有人想去买。

“一块两毛五。”杨老师答。

倒吸一口冷气。好贵！一顿饭才多少钱哪。杨老师真大方。

他大方,而且一贯如此。

时不时地,他总有文章见报。学校里将剪报一贴出来,学生们就和他开玩笑:“杨老师,领了稿费可要请我们吃饭!”

“好呀,一起去。”

他果真去“梅陇镇”这样的高档饭店里订了一桌。学生们不好意思了:“说着玩的,杨老师当真了。”

“要请的。”

一来二去,拿稿费请吃饭成了规矩。杨门的六个青衣,台上清寒愁苦,生活里却优渥愉快。

1961年,刚刚毕业的李炳淑加入了上海青年京昆剧团并成为骨干演员。不久传来消息:经上级批准,剧团要去香港进行一个多月的巡回演出。一群毛手毛脚的姑娘小伙子们,兴奋得不知道该准备些什么。这时候,杨老师做了一件让人大为意外的事情。

他找到青衣组的几个演员:“走,去天鹅阁。”

坐落在淮海路东湖路上的天鹅阁,是与沪上早期的“红房子”、“德大”等齐名的西菜馆。沪上知名女作家程乃珊曾撰文《“天鹅阁”的鸡丝焗面》道:餐馆老板姓叔,夫妻两人都从教会大学沪江大学毕业,对西方艺术造诣很深。那些讲究情调的老克勒们,动辄要来这里坐坐,不仅仅是为了那飘着浓浓芝士香味的意面、烤得松松脆脆的法式面包、红得流光溢彩的罗宋汤……更为那份洋气十足的腔调和品位。而戏校的学生们,绝大部分人是没见识过这份优雅精致的,更不要说品尝了。杨老师如此隆重相邀,是要饯行?

“到了香港,总会有吃西餐的机会,我们先把西餐礼仪学起来,到时候就不难堪、不失礼了。”他解释。

杨老师圣约翰大学毕业,当然是见过洋派世面的。难得的是他这份细心,让人胸口一热的细心。

菜上来了，头道是奶油蘑菇汤。

“一开始就喝汤呀？”

“西餐就是这样。你们看，汤匙要由内经外侧着舀，像这样——”他优雅地提高了肘部，“再烫也不可用嘴吹，要轻轻摇。”

像学戏曲身段一样，姑娘们跟着模仿起来。

陆陆续续，烤面包、沙拉、熏鱼、猪排、芝士焗面……总有五六道。刀叉并举，他鼻尖沁出一层细汗，孩子们手忙脚乱笑料百出。这顿饭，丰美无比，收获巨大。

最后，一人一只冰激凌球，彻底放松。杨老师优雅地买了单。

“多少钱？”几乎是齐声问。

他微微一笑，不答。

孩子们心头一紧，这顿饭，必定是价值不菲的。可用去老师大半月菜钱?

到了香港，尽管演员们华美的行头是借来的，却风度翩翩、气质天成。几个大青衣面对一桌西式珍馐进退有度、收放自如，让香港同行和媒体大为赞叹。

没人看得出这些是“速成”训练的结果。

今日，天鹅阁早已不见，只见法国梧桐浓密比肩。路还是那条路，旧地重游，令人却有一点无奈，有一点感伤。

斯人已随西风去

他唱着梅派而来，气质雍容，落落大方。台上台下，都有一种骨子里带来的贵族气。

可惜，在那场史无前例的浩劫面前，梅枝零落，梅香惨淡。纵然天大地大，容不下他。他被说成是“国民党大特务”和“反革命”——挖出这个“定时炸弹”，是阶级斗争的“伟大胜利”。

一间两平方米的贮藏室，成了他的刑讯间。审讯者边审边吃西瓜，又把沾着口水、泥土的西瓜皮扔给他，叫他吃下去。燃着的香烟，突然就摁入他的脖颈，斑斑点点，黑黑红红，像残了的梅痕。更有甚者，逼他脱掉长裤，叫他提着两个没有塞子、灌满开水的热水瓶，并用木棍狠狠抽打，逼他“交待”……

不知道他短暂的梦境里，是不是还有梅花的幽幽暗香？

只晓得，1971年8月3日，他选择了一种极其惨烈的方式结束了生命。据其子杨开基回忆：“上午10点钟左右，接到一个传呼电话……说杨畹农畏罪自杀。……到广慈医院……找了一阵，发现父亲被放在停尸房门前的一个担架上，人早已断气……”而就在他早上出门时，“带着一块点心，穿着一件咖啡色的短袖衬衫”，临走时还对患有角膜炎的儿子说了一句“当心一点”。

这个柔弱的身躯里，究竟包含着怎样一个怨尤痛苦的灵魂？

……

其时，李炳淑正在《龙江颂》剧组夜以继日地排戏。得到老师过世的消息，是在一个阴雨绵绵的秋日黄昏。苦于环境特殊，她无法脱身去见恩师最后一眼，只能伫立在雨中，让不尽的泪水，随着那凄苦秋雨流个酣畅。

一支梅，西风吹散旧时香……

莲子甘苦，尝才知

——与恩师魏莲芳

盛年魏莲芳

1956年，成立不久的上海戏校里，流传着一则人人乐道的新闻：

有一位京剧院的教员被请来任教，对方提出工资要每月300元。如此高的薪酬，戏校不堪重负，又舍不得放人。于是和京剧院协商：既然两家都要他教戏，就各出150元。京剧院点头：照此执行。

300元在当时，几乎是七八个大学生的工资。什么人，敢要这样高的价钱？而且偏偏能要得到？

这个人叫魏莲芳。

从此他落下一个外号：魏三百。

魏莲芳（1910—1998），北京人。梅派"硬里子"，名师。

北有芙蓉草，南有魏莲芳

"硬里子"乃是梨园术语。因主角被称为"面子"，配角被称为"里子"，而"硬"字，则强调这个配角根底深厚，水平高本事大，比普通"里子"要技高一筹。20世纪的旦角行当，有"北有芙蓉草，南有魏莲芳"之说。

芙蓉草，原名赵桐珊，擅演《四郎探母》的萧太后、《珠帘寨》的二皇娘、《得意缘》的郎霞玉等。梅兰芳、荀慧生、马连良、谭福英等大角儿，都争先聘请他合作演出。他是北方“硬里子”的代表人物。

而魏莲芳，则在南方当仁不让。他是梅兰芳远亲，又是梅门大徒弟，早年曾长期陪梅登台演出。因为个子偏高，转为“二旦”。他见多识广，能戏极多。论演戏，稍差一点的主演，便能被他夺去光彩；论教戏，上海最好的旦角如言慧珠、童芷苓、李玉茹、王熙春、陈正薇……都曾做他的学生。特别是新中国成立后，他桃李遍天下，名满南中国。戏曲演员如被问老师是谁，答曰魏莲芳，对方定然翘起拇指，另眼相看；而被问者则极有面子，如沐春风。

据说，梅兰芳早年对他极其偏爱。但凡自己演戏，台下第一个位子留给齐如山，第二个位子便是他的。

笔者翻开发黄发脆的魏莲芳档案，看到他的照片，倒吸一口冷气：容长脸儿，眼廓如杏，鼻梁细高，唇形饱满，好似另一个梅兰芳。

他们都是上天的宠儿。

“穆桂英”结起师生缘

李炳淑跟着杨畹农老师，短短两年时间，不仅打通了吐字、归音、润腔上的肯綮，而且学了十几出文戏，成了学校众望所归的大青衣，毕业时又由毛主席做主留在上海，进了刚刚成立的上海戏曲学校京昆实验剧团。

对于一个20岁的演员来说，可称“功德圆满”。

还要怎么样呢？前途有了，影响有了，已经洗去了一口安徽土话，变成了“新上海人”。别说是同学们羡慕，连一些年长演员也难望其项背。只要保持这样的水平，日后的舞台上，自会有她的一席之地。

但是，老天似乎不打算让李炳淑仅仅停留于此。一个前所未有的重大任务降临在她身上，迫使她短期内再次用功，化蛹成蝶。

“阿炳，快，周校长找你！”不知从什么时候开始，同学们都习惯这样喊她，她也喜欢，亲热而家常，多好。

“哦。”她想，自然又是演出。

“炳淑！”见了周校长，他语出惊人：“做好准备，你要打一场硬仗了！”

“我？”

“对，就是你。”

1961年，北京中国京剧院四团拍了一部戏曲片《杨门女将》，在国内外影响很大。当时，有些国外媒体议论，说大陆也就北京有几个人才，而且后继无人。于是周恩来总理提出，可以通过“艺术外交”来肃清谣言、扩大影响。其中之一，便是批准上海戏校赴港演出，以展现新中国在培养戏曲人才方面的初步成果。戏校反复研究后，决定带去两部大戏，一为京昆合演《白蛇传》，一为京剧《杨门女将》。《白蛇传》由四个“白娘子”、四个“许仙”、四个“小青”合演，以体现行当齐全，人才济济；而《杨门女将》则以吃重的戏份展现演员文武兼备、技艺全面。

“校委会决定，由你来出演《杨门女将》的穆桂英。”

李炳淑放了心，这个角色她早演熟了。

“可不能像平时那么演，这次，要从头到尾，不换人的……你还有六个月准备时间。”

李炳淑愣住了。

戏校的“穆桂英”一向由两人合演。前半部分的文戏李炳淑担纲，后半部分的武戏则换成刀马旦于永华。与其说是“对路当行”，不如说是无奈之举——在她们这个年龄，哪里有文武兼达一流的演员呢？如今，要在短短半年时间脱胎换骨，学会另一个行当，岂非易事？

“学校知道，这个任务有相当难度……”周校长见她低头不语，放慢了语速。

“没关系，”李炳淑抬起头，“我年轻，可以练。”

“好，明天开始，到刀马旦组，找魏莲芳老师。”

就是那位名气极大的魏老师？李炳淑飘飘然，又惴惴然。

笤帚和碗解决了问题

刀马旦是要扎大靠的。

关于大靠，有很多有意思的话题。

一个多世纪前，当一群外国人头一次看到扎靠的戏曲演员时，他们大惑不解：难道演员们要进行赛跑，而这些旗子就是他们绕弯的标识？这个笑料足以证明，靠旗是很有迷惑性的。

一个多世纪后，一位戏剧学院的留学生去拍艺术照，特意要求扎靠拍一张。虽然成品有点不伦不类，但她大赞，酷极了！这又可说明，靠旗是很有装饰性的。甚至有时髦前卫的朋友提出，寻四根靠旗来插在大花瓶里，就是最最现代的艺术。

笔者曾经在上海戏校的课堂里，让学生帮忙、像模像样地扎过大靠。那座看似富丽堂皇的旗山，到了背上，转眼就变成难以承受的重负。特别是五花大绑的靠绳，勒得人胸闷气短、汗流浃背，好不容易培养出的“演戏”兴味，顷刻之间消失殆尽。失望之余，我开始敬佩那些整日扎靠的演员，他们吃苦，平常得犹如吃饭。

……

当20岁的李炳淑扎着靠走到魏莲芳老师眼前时，他没什么多余话，只说：“跑个圆场看看。”

还没走完一圈，就被喝住了。李炳淑的脸变得绯红，从镜子里东摇西晃的旗子上，她知道不理想。

“好的圆场，脚下要又快又密、步幅要小，你的步子大了。另外腰里没劲，稳不住。以后每天扎着大靠跑圆场吧，正十圈，反十圈。”这是不折不扣的硬功夫，非大剂量练习而不能至。

李炳淑听话。天明天黑，早功晚功，她步花绽放两脚翻飞，纵然跑得脚跟酸痛，不敢稍有懈怠。一段日子过去，靠旗渐渐服贴听话，见效不少。

可是，这点进步在魏老师面前，并不入他的法眼：“不行，你心太急。”他离座到门外拿了把笤帚：“夹在两个膝盖中间继续跑。”李炳淑从未见过、甚至没有听说有这样奇怪的方法，但魏老师确乎没有半点开玩笑的意思。

结果叫她大吃一惊，为了能“咬”住笤帚，两腿攒了劲地往一处使劲，脚步想大也大不了。如此坚持数日，即使扔掉那根硬梆梆的笤帚，膝盖也习惯了“粘”在一起，彻底听话了。李炳淑正要致谢，却见魏老师又冲着

李炳淑在《棋盘山》中饰演窦仙童（中）

靠旗拧起了眉头："旗子还是有些晃。……明天，带两只碗来。"说完，背着手兀自走了。

第二天，李炳淑早早洗净了吃饭的家伙，虔诚奉上。

"去盛满水。"魏老师吩咐。

她端着两碗满满的水，碎步跑回。

"就这样跑圆场，水不能晃出来，好练腰劲。"

这就是魏老师的过人之处。因为他舞台实践极多，专业阅历极广，练就了一双火眼金睛。他信手一指，即在问题关键；他轻轻一点，便能叫人开窍，聪慧者还能举一反三。遇上他，就像遇上了神仙。

听说，他年轻时是在冬日的地上洒水，待其结冰后再在冰上跑圆场，练就了一套又快又稳的步法，人送美名"水上漂"。当他演出《长坂坡》时，虽然是慌不择路的"二皇娘"，怀里还抱着个"孩子"，但圆场犹如冰场滑翔一般圆润轻巧。普通演员跑上一两圈就露出拙态，他却能四圈五圈一气呵成，最后还能高高跳起，又轻轻落下亮相，如蛟龙，胜惊鸿，震惊全场……

圆场功夫夯实之后，李炳淑跟着魏莲芳老师学了《穆柯寨》和《穆天王》。前一出大靠、翎子、趟马尽数掌握，后一出京白、小快枪、下场花收入囊中。不只是《杨门女将》的刀马旦能演了，演一般的武戏，她也不慌。

魏老师给予的武戏营养，不但使《杨门女将》受用不尽，李炳淑还曾排演刀马旦的《棋盘山》，一样光彩照人。20世纪80年代初，她又成功饰演了电影《白蛇传》中文武兼备的白娘子，这个人物，足以跻身20世纪最有光彩的戏曲角色之列而毫不逊色。

“不要叫我老师！”

“文革”开始以后，魏莲芳成了“牛鬼蛇神”，“靠边”了。这个曾经以桃李遍天下而著称的前辈，此刻却无人敢喊他一声老师。他也晓得，只要不被揪、被打、被骂便是幸事，还要做什么老师？

可惜，以他的身份，在那场浩劫面前，哪里能躲得过去？在运动开始，他就稀里糊涂地变成了“特务”——一位京剧演员被揪出审查时，由于紧张，编造了假口供，说自己是特务，“魏莲芳是自己人”。魏莲芳百口莫辩，写了不知多少材料，可惜无人能为他作证。幸好此人后来推翻交代，才免过一场祸事。但是，他依然戴着顶“没有认真改造非无产阶级世界观”的帽子，因为告诫学生“若要人前显粹，需要背后受罪”，被批判为“散布封建传统流毒和资产阶级名利思想，影响极坏”。

识时务者，远远看到他，便赶紧绕道而行，为了避免尴尬，更为两下相安。

偏偏，李炳淑此窍未开。

一天，她瞅见了魏老师的背影，大步追上去，热乎乎地喊了一声：“魏老师！”

魏莲芳大为意外，摇手不迭。

“您还好吗？”李炳淑没有多想。

他霎时变了脸色，急说：“不要叫，不要叫。”又看看两旁，“不要叫我老师！”

“您放心，没人看见。”李炳淑凑近了压低声音：“老师，您多保重……”

他没有吱声，只是飞快地抹了一下眼。

这次匆匆忙忙的会面，定格为一张温暖的图片，藏入魏莲芳的记忆中。他没料到这个看起来没什么胆量的女孩子，竟然在别人躲避自己还来不及的时候，能有如此“壮举”。但愿，但愿自己没有给她带来什么麻烦……

可幸，当时没人盯梢，李炳淑一切平安。

20世纪70年代后期，李炳淑完成了电影《龙江颂》的拍摄，成了家喻户晓的明星。在一个公共场合，她又见到了魏莲芳。

“魏老师，您好！”这次的问候，可以大大方方、无所顾忌了。

魏莲芳有点不好意思：“你现在挺红的，还叫我……”

“再红也是您的学生。”李炳淑笑嘻嘻，还是当年那个“阿炳”。

魏莲芳动了情：“炳淑啊，你以后不管想学什么戏，就来找我。凡是我知道的，你什么时候来，我什么时候教。”

有人传说：魏莲芳教戏保守，关键处喜欢“留一手”，很有些秘不示人的绝活；他学费向来昂贵，没钱的要被拒之门外。但只要李炳淑上门，他历来慷慨大方，恨不能倾囊相授。这个学生，他教定了。

1978年，由上海戏剧家协会出面，李炳淑正式拜魏莲芳为师。正要像模像样地行叩头大礼，却被他一把拉住：“现在不兴这个，鞠个躬就行了。”

毕恭毕敬的三鞠躬，从此正式入了魏门。

跟着年过古稀的魏老师，李炳淑打磨了《霸王别姬》、《廉锦枫》、《棋盘山》、《凤还巢》、《秦香莲》、《宇宙锋》、《大登殿》等戏。魏师保留着梅派早期的风格，别具古典美感。而且，他不怕辛苦，《廉锦枫》一剧，仅就一个圆转灵活的手腕动作，他带着炳淑练了百十余次，直到完美。

浮生梦一场，世事云千变。

一个夏日傍晚，霞光如练，师徒俩坐在树荫下。两把藤椅，一壶清茶。

“炳淑，听说过‘魏三百’吗？”

“……说的是老师您。”

“人家都说我爱财。”

“可是，您对我分文不取。”

“下次来，点心水果省去吧，给孩子吃。”

“……”

草如蓝。无风，杨柳睡正酣。

思君不见君

——与恩师张君秋

梨园界从来就不缺漂亮人物。但年轻时的张君秋还是美得让人眼热心跳。他的好看，不像梅兰芳那么古典清幽，而是明媚灿烂、光彩流转，像秋日暖阳。就是老了头发白了，照样有普通人不能及的光芒。工程浩大的“音配像”工程，他一干就是十几年，奔走西东，百事劳顿。从人人遥望的天上星宿，变成了看园叟、老当家。

张君秋（1920—1997），北京人。“四小名旦”之一，“张派”创始人。

暗地里追慕

1936年，北京《立言报》举行公开投票选举，推选“四大童伶”。张君秋与李世芳、毛世来、宋德珠被选中（后世称“四小名旦”）。报界评价他“扮相，如窈窕淑女，似梅；唱功，有一条好喉咙，似尚；腔调，婉转多音，似程；做工，稳重大方，似荀”。

20世纪60年代，他参加国营北京京剧团，并带去了一份重礼——从川剧改编的新戏《望江亭》。其华丽清新的唱腔一时风靡全国，“张派”呼之欲出。在中央广播电台的戏曲节目中，他亲自教唱了剧中一段著名的“南梆子”，有戏迷称之为“旦角高级唱腔”、“谭记儿咏叹调”。

此时，“十旦九张”的势头已经形成。

上海戏校青衣组的学生们，也把张君秋奉为偶像，瞅见无人，悄悄吊几声张派，算是过把嘴瘾。李炳淑也未能例外。一天，在练功房外的走廊上，她壮着胆子，唱起《望江亭》那句在唇齿间辗转了无数遍的句子："独守空帏暗长叹——"

她不知道，杨畹农老师这时正在楼梯上。他没有急着走，而是站着听了一会儿。

继而，他转向练功房，朝李炳淑走过来。

"……叹"的余音来不及收了，李炳淑窘得满脸绯红。在主教老师面前唱别人的路子，是很犯忌讳的。

"杨老师，我……"连她自己也不知道后面的话该怎么说。

"很好，唱得很好。"温文尔雅的杨老师没有半点要生气的样子，"做学生的，就是要多听、多学。这位张君秋先生——"他话锋一转，"就是吸收了梅、尚、程、荀的长处，再加上自己领悟琢磨，才自成一家的。"

好个宽容开明的杨老师。

兵马司后街的家

整日地琢磨张君秋的腔调，捕捉他的韵味，感觉他好似一位神交已久的熟悉师长，却从未谋面，不能不说有点遗憾。

年轻时的张君秋

直到1960年，才了断了这桩心事。

8月，由上海戏校京、昆、淮剧组和上海京剧院、淮剧团组成的上海京昆淮青年演出团赴京汇报演出时，团领导提出：来一趟北京不容易，是否能在演出之余请一些北京名家为学生教几出戏？得到上级部门的肯定后，李炳淑和青衣组的几个姑娘们想到：如果能去跟张君秋先生学戏该多好！

"你们敢于提出这样的要求很好，但张老师那么大名气，有没有时间教、肯不肯教，是另一回事。”当几个年轻人跟团领导表明想法时，得到了这样的答复，“当然，我们可以请上级部门帮忙。你们暂不要抱太大希望。”

是啊，北京京剧院的马、谭、张、裘，名气远远不止40年后流行乐坛的“四大天王”——“天王”只对年轻人有吸引力，而他们四位老少通吃。看一场他们的演出，是值得一辈子回味的事。这样水准的艺术家，岂能是说来就来、说教就教的？

做梦的权利，人人都有。权当做了一回白日美梦罢！

可是，不久却传来了消息：张君秋先生同意教戏，并且让孩子们上门去学。

未成死灰的心劲儿，又添上这一把火，眨眼就烧得红彤彤热乎乎了。一群翘首以待的小青衣，兴奋得连脚趾头都是烫的。

翌日，绿荫葱茏的兵马司后街，迎来了几个姑娘：李炳淑，杨春霞、朱玲妹、李敏兰。

一套整洁精致的院落，充盈着浓郁的人情味儿。“孩子们，快坐下。”进了头进院子，迎接的是张老太太。她端来茶水，取出一张照片逗乐：“看看，里面是谁呀？”

一个笑呵呵的小丫头。

“这就是你们的张老师！”老太太已经把她们视为张门弟子了，“我喜欢丫头，结果生下来是个男孩，就男当女养。好看吧？”

嘻嘻嘻。姑娘们捂着嘴笑作一团，拘谨顿消。

二进院子，住着大太太，她是张学津的母亲。点点头，算是问好。

张先生和二太太住在三进院子。

二太太是上海人，婉约可人，美极了，也嗲极了。她与张君秋的结合，跟裘丽琳与周信芳一样传奇。这位当年圣约翰大学的校花，因为喜欢张派艺术，不顾家庭阻挠只身北上，费尽周折才与张结为连理。此后奉茶倒水，颇为贤惠。可惜“文革”后，当丈夫好容易获得自由时，极度的喜悦摧垮了她衰弱的身体，溘然长逝。

这时节，她操着吴侬软语，对着女孩们轻声道：“他在休息，快了……”

说话间，张君秋快步从卧房走了出来："你们好。"

几个人眼前一亮，用什么词形容？漂亮。

盛年时期的张君秋，既符合当时"浓眉大眼"的审美标准，又飘溢出一股俊逸灵秀的文艺味儿。许是常演旦角的原因，他说话轻声细语，如悠悠清风。

"打算学哪出戏啊？"

"《望江亭》！"异口同声。

此后的十多天，几个姑娘除了演戏，就去张家学戏。

他热心。自己要演《王宝钏》，特意告知她们："早点来后台，学我怎么化妆。"戏曲演员但凡有条件的，都爱关起门化妆。且不说其中藏着不少扮戏的秘密，不静心敛气，是难以动眉笔的。但张君秋不计较，他情愿把门开得更大些，让学生们看个清楚，瞧个仔细。说到底，这是一份大师的艺术自信。

他讲究。小小一盒胭脂，他也要拿捏出分寸。是用偏于橙色、明丽透亮的朱红，还是偏于桃色、鲜艳喜庆的桃红，或者泅水或者掺和，要视灯光、天气、场所而定。涂粉也务必周全，脖子、耳后、小胳膊，都需抹上，否则，黑白分明，粗糙难看。"梅先生演戏，要抹到手腕；像尚小云先生那样文武兼擅，连小臂也要抹的。"他如数家珍一般追忆历史，一丝不苟地涂匀，再涂匀。

他记性特好。短短十天飞速而逝，再次与李炳淑相见，已是四年之后。在人头耸动的王府井首都剧场门前，李炳淑眼尖，瞅见了带着两个女儿的他。"张老师！"她意外而欣喜地喊了一声。话一出口，一个念头在脑中闪过：张老师交际广泛，怎能记住几年前一个不起眼的学生？正准备自我介绍，张君秋已脱口而出："是炳淑啊！"

人的记忆力到底是怎么回事？除了个别脑力极好、过目不忘者——如周恩来——普通人都会有"选择性遗忘"。为什么有人相识已久，眨眼却能从脑海中消失得干干净净；而有的虽只一面之缘，却总能留下个清晰的影子？说白了，值不值得记忆，愿不愿意记忆，才是关键。

当我把这想法跟李炳淑说明时，她纳闷：我有什么值得人家记住的呢？

“下次千万别来了！”

1972年初，萧瑟冬日。

北京的冬天，是那种能将人冻得干瘪瘪、硬梆梆、逼出体内所有水分的冷，这种冷让许多南方演员受不了。李炳淑不是个娇气的人，况且来北京已经有四个月，她几乎已经适应。

可是，在内心隐秘的角落，她觉得寒冷彻骨。

在“大演十三年”和“文艺黑线专政论”的指挥棒下，演传统戏的前辈老师齐刷刷倒下，无一幸免。

她曾经悄悄向一位与张君秋过往甚密的朋友打听：张君秋老师怎么样了？回答是：很不好，被打成“反动学术权威”，房子也被没收了。

哦，那座睡在兵马司后街绿荫里的院子。多么好的一家人！

“能带我去看看他吗？悄悄地。”

朋友迟疑。李炳淑和张君秋，一个是领袖垂青的红人，一个是不合时宜的遗老。让他们两个见面，一旦走漏风声，后患无穷。弄不好，李炳淑别说是唱戏、连做人也难。可当朋友看到李炳淑发红的眼圈时，心软了。

炳淑啊炳淑，你怎么一点政治头脑都没有？你知不知道，就是你乖乖不动，那些千里眼、顺风耳也能挑出你的问题，何况你这么出头露面地出门？在样板戏剧组待了这么久，你的政治敏感还没有培养出来吗？……你呀你！

李炳淑站着不动，像是一尊泥人儿。倔脾气泥人儿。

朋友拗不过她，只好穿针引线暗中安排。

终于敲定了见面时间。李炳淑对着穿衣镜，裹上厚厚的军大衣，戴起口罩，再围起一条严实的毛线围巾，武装到连自己都认不出来。“好了，走！”

这时的张君秋，和女儿学玲一起，住在陶然亭附近的一幢民房里。三五家挤在一处，很不宽敞。当头发上结了厚厚一层霜花的李炳淑出现在张君秋面前时，他愣住了。

“张老师！是我呀！”她扯去口罩。

他的眼神茫茫然惶恐无助，又像是突然从梦中惊醒一般："你快走！快走！"恨不得立即掩上门。

"张老师……"她推开他的手，又卸下围巾，"我不走。"

"我会连累你的。"话一下子说到了节骨眼上。

"您放心，除了联系人，我谁也没说。永德（作者注：李炳淑爱人）也不知道。"

"你那么红，万一受我影响……"他还是不放心。

"不会的。"

聊天开始。二十分钟里，张君秋紧张无比，几次要去窗户边看看，都被李炳淑拉住了。她心疼，原先那位和气宁静、气质天成的张先生，生生成了这副模样。

告别时，她强调："我下次再来。"

"下次别来了。"他宁可说狠话，不愿连累无辜。

但真的"下次"来了，却让他欣喜若狂。这次不是偷偷摸摸的私人会面，而是文化部的专车开到家门口，要接他去为李炳淑说戏。

十年了，他仅仅能"发挥一技之长"，为京剧《沙家浜》和京剧《红色娘子军》等戏担任"唱腔设计"。人说四十不惑，他却在此时陷入命运的怪圈：一个天造地设、几十年难得一见的出色男旦，在最有艺术光彩的年龄，却就此告别舞台，投闲置散，无所事事，怎能不让人百爪挠心又无可奈何！

而这次"出山"说戏至少证明：这个舞台需要他。这何尝不是对他情感最好的补偿？

李炳淑是懂他的。在接到特殊任务——为《大保国》、《二进宫》录音录像时，她就试着跟主管领导谈："这些戏都是'文革'之前学的，如今早生疏了，张君秋老师曾经唱过……"

领导也答得有分寸："把张君秋的录像带找出来看看。"

她低下头："能不能请张老师本人来为我加工？"……

不久，上级部门批复：同意张君秋为李炳淑说戏。

她又提出：考虑到对方年岁，希望能派车接送。结果也得到了允许。

当张君秋的脚迈入车内那一刻，他感觉兴奋而愉快。自己终于不是一个可有可无的闲人，能和别人一样拥有工作的权利了。多亏炳淑！

因了这份感情，张君秋所呈现出的极其投入忘我的状态，超越了人们对于一位著名演员的预计。从最基本的吊嗓开始，到一腔一字的更正，到舞台调度的调整……临到录音录像，他更是不吝体力，朝夕相陪。录音当夜，他盯到凌晨，众人劝其回家休息，他推辞："你们录，录完了我才放心。"录像时琐碎事情极多，他不辞辛苦，跟随着一班人马从天黑录到天明。李炳淑歉疚地奉上一杯热茶：

"老师，您太累了……"

"我不累，不累。我高兴呀！真的高兴。"

他很会唱戏，却不大会讲话，翻来覆去就是那几句。

田汉的《名优之死》里，男主角杨振声死在台上，是个悲剧。但在现实生活里，如果有演员说"希望死在台上"，我相信那绝对是心里话。可是，在那场革了文化之命的浩劫里，有几人能有幸享此"殊遇"呢？

几天下来，人人看出，张君秋是乐意把命交给戏的。

"有个老先生，气喘吁吁的"

1987年3月，"京津沪中青年演员联合演出"在京举行，李炳淑带着《断桥》赴演。

和以往一样，动身前，她雷打不动地去买几样上海食品二厂、哈尔滨食品厂出产的西式点心，再带上一竹篓浙江天目山的扁尖。这都是张君秋爱吃的。

去了，住在北方交通大学旁边的招待所。此时，张君秋已搬到了木樨地。两处距离遥远。他已年近古稀，李炳淑专门请人把票送到了府上。

到京的第二天，李炳淑正在房里练唱，服务员推门而入："有人找你。"

"谁啊？"

"一个老先生，气喘吁吁的。"

李炳淑带着演出队走南闯北时，曾经遇到过不少虔诚的观众不辞辛苦老远跑来看她。她款款起身，理理头发，向窗外一望——却是张君秋。

两鬓在阳光的映射下，洁白如银。

她的心狠狠地抽搐了一下，撒开脚冲出门去。

“张老师，您怎么来了?!”她在心里埋怨：炳淑啊，你何不一来就去看望他老人家!

“没事，我来看看你。”

请他进屋，空间局促，他四周望望，说：“需要什么，来家拿。”

……

从此，李炳淑在北京多了一份亲人似的牵挂。任四届、五届人大代表期间赴京开会时，她总要捎点可口的食品去看张君秋。

“你们工资少，千万别再买了。”他总是推辞，又招呼家人留饭。

这里成了她在北京的一个“家”。上海的家，是油盐柴米酱醋茶的所在，而北京的家，则是戏人戏事戏情戏理的大千世界。茶余饭后，听张君秋聊当年的戏曲掌故，谈当下的梨园见闻，或者唱上几句，指明润腔、劲头的要害，若还不过瘾，索性两人放唱，一前一后，一教一学，虽无胡琴伴奏，却旋律生动，气氛红火。甚至，她完整学下了张派的《望江亭》，某次登台，一句出口，惊了戏迷——她的张派唱腔炉火纯青，味道浓郁，功力卓然，丝毫没有串味之感。台下有人高呼：“张派高徒!”

1997年李炳淑在港演出《龙凤呈祥》后谢幕

1990年12月，李炳淑参加了纪念徽班进京二百周年京剧观摩研讨大会开幕式演出《龙凤呈祥》。这是一出京剧舞台上很有特点的节庆吉祥戏，行当齐全，各呈异彩，20世纪里曾有不少名家联袂合作，留下美谈。而这次演出，阵容非同寻常，演员皆为一时之选：马长礼饰鲁肃，袁世海饰张飞，张学津饰乔玄，吴玉璋饰孙权，叶少兰饰周瑜，王树芳饰吴国太，王金璐饰赵云……“孙尚香”则由三位饰演：张君秋、李炳淑、杨淑蕊。

李炳淑承担的“别宫”部分有一段“慢板”，以前演唱都是梅派，这次，她想尝试向张派靠拢。

“好啊！”张君秋很赞成，“你有条件唱，也适合唱。有什么需要，就找我。”艺术上他极其开放，教学也绝无门户之见。除了为李炳淑斟酌了一段颇有分量的“慢板”，“孙尚香”怀揣尚方宝剑与母亲告别的身段动作，他一点点手把手相授。

1997年5月27日，一代京剧艺术大师张君秋告别了这个世界。

参加张君秋的葬礼回来以后，李炳淑把一朵白菊夹进了书里，好让自己的思念淡静而永远地绽放。

思君不见君，何处问殷勤？

一春鱼雁赏花频

——在上海戏校

华山路1448号，一座精致的花园洋房，这里是中华书局的旧址。

花木并不张扬醒目，仔细一看，都是名贵品种。一条长长的柏油小道，似一条秀丽的项链，把具有欧式风情的铁门和洋楼连在了一起。处处美得像画。但洋楼里，住的并不是什么贵胄，而是一群学戏的孩子。这个充满了罗曼蒂克的洋气十足的所在，竟然时时有昆笛清鸣，胡琴吟啸，琵琶铮响。吊嗓声此起彼伏，身穿练功服的孩子们热汗涔涔，院子里最大的一棵香樟树也成了他们练习腿功的道具。

这就是1954年成立的上海戏校。

可畏可敬周校长

上海戏校属于新中国最早诞生的戏校之一。

李炳淑自从进入这里，一个全新的世界便热闹闹向她打开。这里拥有大江南北第一流的师资，艺术水准让人惊叹。“京大班”不乏日后的菊坛翘楚，如青衣杨春霞、老旦孙花满、老生李永德和朱文虎、刀马旦齐淑芳……可谓人才济济；而同校“昆大班”，同样是聚着堆儿出人才，蔡正仁、计镇华、华文漪、梁谷音、岳美缇、张洵澎、王芝泉、刘异龙、方洋、蔡瑶铣、王君惠、顾兆琪……中国当代戏曲教育史，注定要为这两个班级留下相当重要的位置。

娃娃们生正逢时。这是一个万象更新的时代，一个充满了理想主义气质的时代。戏曲从业者不再是“艺人”，而是演员，是艺术家。社会主义国家用浓烈的红色完成了他们艺术人生的洗礼，他们生活优渥，思想单纯，艺术精进，一心要磨炼好本领，为社会主义服务，为工农兵服务。时任市委宣传部长石西民曾经将戏校定位为：既是学校，又是剧团，也是文工团。这意味着在他们艺术的起步阶段，就已经是演员了。

艺术上早熟，精神却一定要晚熟。一位严肃的先生，以一种特殊而强硬的姿态，管束着少年们。他拄着漆黑手杖，像一根巨大的黑色别针，强有力地收拢住了青春期蠢蠢欲动的思想波澜。

他是校长周玑璋。

这是一位老革命，在残酷的战争年代伤了右脚，走路不得不一跛一瘸（后来学校专为他配备了一辆人力三轮车），但他并不因此显得缓慢累赘；他戴着一副黑框眼镜，眼神锐如电光，总能看出你不好、不够、不得体、不礼貌的地方。而一旦看出，便是毫不留情地一顿训斥，口气峻厉，不苟言笑，吓得你沁出一头冷汗。学生眼中，他是不折不扣的“家长”。从生活作风到学习纪律悉数过问。“该”管的，“不该”管的；“值”得管的，“不值”得管的，都管。远远地闻见三轮车的影子，学生们立刻收敛性情，反应机敏的撒腿就跑——这是最没有风度，但最有效的避免挨训的方式。

“京大班”为了将学生“倒仓”风险降到最低，提高了招生年龄，以十五六岁的初中毕业生为主要对象。李炳淑入校时，别人已经学了三年。不过，第二期“京小班”开学不过一年，也可考虑。

周玑璋校长和教导主任问她：“李炳淑，你想进哪个班呀？”

李炳淑琢磨，以她的年龄和演出实践，如果再从小班学起，好比骆驼钻进了马队里，不合适。

“我进大班。”

“进了大班你压力大，基础差，要更刻苦一些。”周校长训导。

她铭记在心，不敢稍有松懈。业师杨畹农是位极负责的先生，为了让她尽快赶上，每周末在家为她开小灶补课。李炳淑本就天赋出众，再经过精心调教，不但能抵达平均线，而且飞快地跃至其上。在学期末的汇报演出时，她以一折《女起解》引来了意外瞩目。

京剧表演艺术家盖叫天（前排左二）、周玑璋校长（前排左三）与京昆表演艺术家俞振飞（前右一）在上海戏校观看学生演出

周校长坐在鼎沸的观众席里，暗暗认定：这只外来的雀儿，要变成仙鹤，一飞冲天了。

他在人才培养上提出十六字方针："因材施教，全面发展，普遍培养，重点提高"。看似平常，里面却藏着一个合乎戏曲演出规律的重要原理——戏曲本就是"角儿"的艺术，从学戏伊始，就要重视培养"角儿"，成就"角儿"，学生中可望成栋梁者，就要不遗余力地培养，浓墨重彩地宣传，要他光彩愈炽，影响愈广。众多的优秀学生已经能攒成一顶夺目的珍珠旒冕了，他还不惜要打磨最好的那一个，使之成为旒冕上面一粒占尽风流的夜明珠！

众目睽睽下，只听得周校长一字一板地说："从今以后，李炳淑每周学一出新戏，学一出汇报（上演）一出。"

这样的学习量、演出量、曝光率非同小可，难以想象！

有人错愕，有人嘀咕，有人眼红。周校长大声道："我就是要重点培养！不服气的来找我！"转身离去。

这就算板上钉钉了。李炳淑如负千斤之重的纤夫，众望所归，要低调到极点，卖力到极点。风光是别人看到的，在她只能感受到填鸭似的卖力和紧张。《玉堂春》、《三娘教子》、《二进宫》、《三击掌》、《母女会》、《武家坡》、《大登殿》、《宇宙锋》……一一学过。而每每汇报圆满时，周校长并不称赞"演得好"，他对学生的满意隐而不发，都在心里。

周校长艺术上的战略眼光、人才意识、创新勇气，即便推后五十年照样领先。但是，他的“封建”和“落伍”也让青春年少的学生们哭笑不得。他曾说“谁要是谈恋爱，我就让他养猪去”，而且开除了两位谈恋爱的青年，如惊雷骤鸣，巨澜拍岸，击碎了不少人的爱情理想。花前月下的卿卿我我顷刻成了云烟，胆大的转入地下，胆小的索性分手。爱情在校园里几乎绝迹，舞台上的柳梦梅和杜丽娘、薛平贵和王宝钏、张生与红娘……卿卿我我，台下却连一句多余的话也没有。这也并不奇怪，戏曲不是斯坦尼斯拉夫体系，无须太多“体验”，有程式技巧足矣。

他不怕这里成了被爱情遗忘的角落，只怕头脑不清的年轻人拿爱情当了主业，置换下他们最该劳心费力、最该投掷热情的戏曲——在他看来，戏曲才应该是陪伴他们一生、不离不弃的忠实爱人！连他们自己都把握不住的情感，不过是来去匆匆、极易夭亡的镜花水月，怎么敢挑战戏曲这样的千秋大业，挑战刚刚起步的艺术前程？而一旦沉湎于此，他们的艺术之路还没怎么开始，就头重脚轻地丢了魂魄、失了阵脚，这谁又能负责得起？

有周校长这位“凶神恶煞”的“门神”在，爱神丘比特收起他的一包灿烂的箭头，搧搧翅膀飞了。

哎哎，这个顽固的老头儿！

怪的是，多年之后，竟然无人再腹诽和埋怨他。当李炳淑们到了他的年纪、超过了他的年纪，倒越来越认可和赞同他的方略。有人甚至羡慕：周校长话糙理不糙，雷厉风行，言出必果。现在的师长文明了，民主了，可哪个孩子听得进呢？

这里头藏着先苦后甜、塞翁失马等一系列哲理。细细整理，可以成就一部颇有含金量的管理学著作。

除了对早恋严密防范之外，周校长对学生的穿着打扮也有严格的要求。学校专为学生统一缝制了讲究的校服，夏天，女生服是白衬衣和格子裙，冬天有厚呢裤子、棉袄和海虎绒领子的长大衣。既精良讲究、有文艺人才的风度和派头，又青春健康，体现了当时的“主流”审美眼光。这样的服装放在当时，不是寻常人家的孩子随随便便穿得起的。因此，乍领到衣服，学生们兴奋得好似过年。但日子久了，年轻人又生出求变的心思——比如李炳淑，她对小说《青春之歌》情有独钟，电影看了数次，那个充满反叛意识、富有个性的“林道静”成了她的偶像。她也剪了童花头，像模像样地围上一条白围巾，再配上蓝底白花的蓝色罩衫，“嗬！这不就是个林道静嘛！”同学们惊喜夸奖。从此，“小林道静”的美称不胫而走。当然，别人对于时尚的追求可不都像李炳淑这样传统和“保守”，很多人更喜欢西洋范儿，有人悄悄烫了一头领风气之先的卷发，不料立即被周校长看出端倪，挨了一顿结结实实的训斥后，再灰溜溜捋平剪短。有人偷偷修改了自己的裤脚，变成很有腔调的小脚裤，这也逃不过周校长的法眼，很快就又不情不愿地打回原形。还有人不知从哪里买来一双拉风无比的尖头皮鞋，还没走遍校园的每个角落，就被早早下岗，搁置进不见天日的鞋柜里，再无声息……

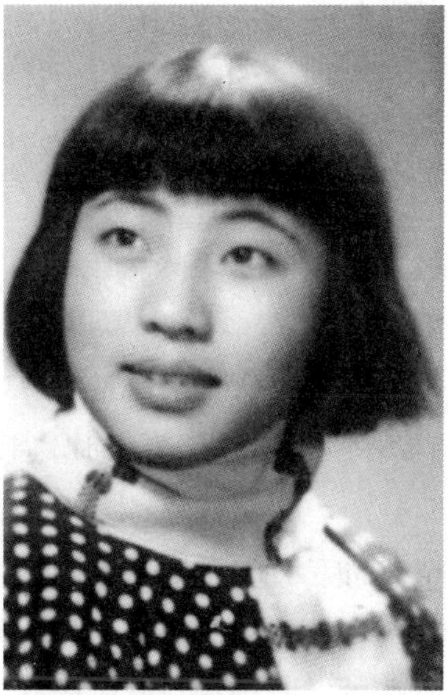
李炳淑有了“小林道静”的美誉

这也没有什么好指摘，心思一旦放在对流行事物的追求上，当然就不再精纯和集中，多少会妨碍学业。此外，周校长对某些旧社会艺人的做派深恶痛绝，反感他们的糜烂、放诞、挥霍无度，他要摒弃这些恶习，建立一所学风纯净、纪律严明的新式戏校，从这个校门走出的年轻人，要有学院派的清新气质和新式文艺工作者的健康感。为此，耽误一点不痛不痒、可有可无的时尚嗅觉又算得了什么呢？

他不顾底下的“敢怒不敢言”，一心经营他的教育理想。大节不屈，小节更要讲究。站有站相，坐有坐相，一切都要有规矩尺度。最最基本的尊师之道，他也要再三要求：“见到老师要问好！”“上课前要先为老师打水、擦好板凳，为老师沏好茶水，双手奉上……”起初，学生们只是照章办事依嘱执行，后来果真形成习惯，而且是一辈子不走样的习惯，这就成了素质，此生再也丢不掉了。

想想看，他抓住年轻人人生观、世界观形成的关键时刻，就等于抓紧了他们一辈子。这有多厉害！他不但要打造一所和新中国的纯净、火热、理想相匹配的艺术学府，还要让这里诞生一群有素质、有水平、有格调、有精神的艺术家。因此，当时光进入1961年春夏、京昆大班的学生将要毕业时，面对着一群行当整齐、如花骨朵一般娇嫩蓬勃、如雏鹰一样满怀翱翔向往的年轻人，他高兴，但又深深地忧虑：孩子们风华正茂，正是需要大量舞台实践"长功"的时候，如果进了社会院团，以他们的资历，顶多不过跑跑龙套、当当宫女，日子一久，岂不荒废？再说，院团里情况复杂，有不少带着戏班习气的旧式艺人，跟他们泡在一起，精神气质还能留下几分？……他辗转反侧，夜不成寐。终于，一个想法跳出脑海：何不为这些毕业生专门成立一个剧团?!

1961年8月1日，在上海市委市政府的鼎力扶持下，"上海市戏曲学校京昆实验剧团"正式成立（后改名为"上海青年京昆剧团"），李炳淑和一大批优秀毕业生有了最为理想的安置之地。

无独有偶，1962年以上海戏剧学院毕业生为基本队伍的"上海戏剧学院实验话剧团"（1963年初改为"青年话剧团"）也宣告成立，麾下有娄际成、焦晃、祝希娟、郑毓芝、李家耀、杨在葆、童正维、张名煜等一大批最为优秀的上戏毕业生。"青话"和"青年京昆"成为当时上海青年演出团体的双璧。

如果将视线跳过长江，投向北京，会发现那里也有类似的举措。"中国戏曲学校实验京剧团"已于1956年宣告成立。再缩小视野，调整焦距，对准一位主管日常教学工作的校长史若虚，会发现他竟然和周玑璋校长惊人地相似：一、无论是哪一位名家担任名誉校长，他们都是学校的实际领导和总负责。二、是解放区来的革命干部，治校严格，作风严肃。三、善于发现人才，是有名的"伯乐"。四、身体力行地在校内建立新型剧团。五、"文革"后继续担任领导。但史若虚校长更加幸运：他在有生之年看到了中国戏校升格为大学建制，并成为中国戏曲学院第一任院长。而周玑璋校长1981年便撒手而去，告别了让他劳心费力了半生的戏曲事业。

老人家的背影日渐遥远，遥远得如今的中青年教师都未必听说过他的名字；但他的足音却日渐清晰，清晰得让每一个戏校人能顷刻集结，如影斯随。五十年多过去了，上海戏校的热闹里，藏着一分特殊的宁静。当年事，旧时人，前仆后继的一切辛劳和经营，都充盈着鼓板的节奏，丰满着音符的精神。仔细听，听得出的。

周校长在那一头，静静地，拈须微笑。

昆曲与电影的厚赐

和新中国其他戏校相比，上海戏校有让人羡慕的独一份家业：昆曲。

昆曲在上海戏校中的份量有多重？上海戏校的前身，乃是华东戏曲研究院的“昆剧演员训练班”。也就是说，昆曲乃上海戏校的立身根本。后来，才有了京剧、越剧、沪剧、淮剧、滑稽等诸多品种。因此，昆曲专业是资历最深、辈分最高的龙头老大。

能以昆曲作底色，绝对是戏校幸事。众所周知，这个古老的剧种以精湛讲究为特点。无论在文辞、歌唱、身段都可代表古中国第一流的水平，故能于2006年于联合国人类口头与非物质文化遗产名录中名列榜首。袁雪芬曾经说：越剧有两个奶娘，一个是话剧，一个是昆曲。其实对于另一些剧种也未尝不是如此。比如京剧。

梅兰芳先生曾介绍过昆曲对京剧演员的影响：

> 我们的前辈从程长庚先生起，就是吸取昆曲的唱法来丰富提高皮黄腔的字音的。我的开蒙老师吴菱仙先生是时小福先生的徒弟，时老先生是南方人，他先学昆曲，后唱皮黄，所以字音准确清楚，吴先生是根据他的唱法来教我的。以后，我曾问业于陈老夫子（德霖），他也有昆曲底子，而我早年就向乔蕙兰先生等学了许多出昆曲。1932年我从北京迁沪居住，开始和俞振飞、许伯遒同志等钻研昆山腔——水磨调、橄榄腔的唱法，多年来断断续续，始终没有间断。
>
> （《梅兰芳戏剧散论》）

其实，不只是从程长庚开始，京剧和昆曲的渊源还要更久。清代的

"花雅之争",就是京剧在市场份额上压倒昆曲、但在艺术上吸收昆曲艺术营养的过程。这早成了戏曲舞台上"京昆不分家"的现象:很多戏明明是京腔京调,却掺杂着昆曲曲牌;甚而在京剧大戏的某些折子里,从头到尾都是昆曲。

在上海戏校,人人皆知那位对艺术较真讲究的言慧珠校长,与昆曲有非同寻常的关系。她虽出身京剧世家,又是梅兰芳先生极为优秀的入室弟子,却与夫君俞振飞联袂演出过昆曲《墙头马上》并由长春电影制片厂搬上银幕,私下里还长期跟着戏校"传"字辈名师朱传茗练身段。学校的日常教学中,京昆亦双管齐下互相渗透:昆曲班学生要学几出京剧——华文漪、杨春霞等都曾跟梅派名师杨畹农学戏,后来校方考虑到青衣行当缺人,杨春霞的天赋条件又很适合唱京剧,于是索性安排她转入京剧班,由此造就了一位名满天下的艺术家——京剧班的学生也经常向昆曲老师问艺。

李炳淑一俟有空,便去昆曲班听朱传茗老师讲课。当年梅兰芳等艺术大师也都受益于朱老师。朱老师教的《游园》、《惊梦》让李炳淑大开眼界,心旌飞扬。明明是七尺男儿(朱老师是位有特点的瘦高个儿),如何能将女性的娇媚、柔美、羞涩、典雅表现得那样准确?实在比得那些粗线条、大咧咧的女人们不够女人的资格了。李炳淑细细地咂摸这位朱老师的秘诀,有时仿佛有了收获,却影影绰绰不太真实似的,如同古人说的"羚羊挂角,无迹可求。"女子的情态和身段,并不像是他辛辛苦苦从师辈学来,而像天

朱传茗老师在授课

生就长在身上一样，只不过平时这些细胞都在“沉睡”，只是在需要的时候才苏醒了冒出来示人。若不是如此，他为何有那样的本事？

你看他，只是坐在椅子上、上半身斜倚着桌子而已，那么没有动感、也难以产生特殊美感的动作，他却能坐出人物愁肠百转的情思和娇怯动人的气质来。这倒怪了！照理说，桌椅必定会遮去一些身段，掩藏一些情态，可到了他这里却产生了相反的效果，它们虚与委蛇地帮衬着他、不见首尾地成全着他，半推半就地塑造着他，让这个静态的美人儿比行动时更让人爱怜，让人心疼。朱老师那含羞慵懒的神情，好似给观众施了魔法一般，谁能确定这不是真的进入到幻境、那个为情所困的杜丽娘就在咫尺之间？

李炳淑为难：这样厉害高超的手法，是摹不来、学不会的，大约要等她也到了老师这样的年纪，才能有一点心有灵犀的感应。依她的水平，大约只能问问：“老师，您的杜丽娘怎会这样好看？”

这又算什么问题呢？太虚无缥缈、不着边际了吧。

问得虚，朱老师却答得实：“你看，腰这里——”他摆好了身段示范，“要提起来。腿和腰的角度要这样……”

他就那样自自然然地摆着姿势，却一下子展示了美的“黄金分割律”。国画里的仕女们——低首拨弦的乐女，颔首奉茶的侍女，埋头女红的织女……好似都是这样的情态，只是自如而浅淡地“拧”了一下腰身，感觉就有了。

她又看到朱老师穿着斗篷，扮着杜丽娘的登场，真是妥帖耐看。

“老师，这又有什么讲究？”

“眼睛不能太亮。”他答。

戏曲人物出场的短促停顿叫“亮相”，就是要光辉四射，神采夺人，使全场精神为之一振，被牢牢吸住，神向往之，后面的戏才容易见好。但也有特例，杜丽娘就是一个。她的惆怅无端、闷情难捱，是万万不能“亮”的，一亮就要坏事。抓住了“不亮”，就抓住了她的心事，抓住了把握人物的一把钥匙。精绝也！

李炳淑心服口服，朱老师真是神奇。

后来排演赴港剧目《杨门女将》时，又得以见识另一位方传芸老师的本事。

方老师是“传”字辈名师中唯一的大学教授——他供职于上海戏剧学院表演系，并兼任戏校武旦组教师，王芝泉、华文漪、张静娴、段秋霞、史洁华等都出自他的麾下。这是一位思路开阔、眼光敏锐、想法超绝的师长。

仅是穆桂英一个掏翎亮相的动作，他就有丰富的看法：“怎么站，要根据演员的个子来定。像魏莲芳老师，他个子高，总是稍稍佝着；而你就应该‘拔’起来，尽量舒展身体，可以踮起一点脚跟。”他柔美而富有节奏地示范。

李炳淑立在一旁，随着做了个动作。大约观众也会觉得不错、给予一阵喝彩或掌声，可她总觉得不如老师那般好看。何以男人们比女人更会把握女性角色的感觉呢？梅兰芳先生的贵妃，程砚秋先生的孤女、尚小云先生的烈妇、荀慧生先生的丫鬟，哪一个不是集中了生活中女人们的情态，又升华得让人心服口服？他们的成功，难道就是因为不是女儿身，却愈能看懂、看透、看尽女儿的情态；而自己反而“身在此山中，云深不知处”了吗？

这是怎么回事？

20世纪的坤旦，始终在进行着突围，但在艺术上似乎并没能超越乾旦——即便是在新中国成立后。她们的现代性和生活化进行得不错，但古典美总是稍逊一筹。戏曲是古典的艺术、变形的艺术，坤伶的卖力和活泛，反而衬托出男旦的高古和韵味来。

这里面藏着抽象而晦涩的美学原则，很多人想不清，也不愿想。李炳淑想了，但却找不到突破的路径，这就更急人。

艺术啊，你真是一位藏于群峰间的巫山神女！

风物长宜放眼量。她搁下心头事，做好了长期攻坚的准备。生活中哪里不是学习呢？看看电影，也能洞开慧眼吧？戏校步行不过五分钟，就能坐进复兴中路对面的上海电影院。每个周日的下午，这个光影世界大方地接纳了她。缪斯慷慨，也能给予她不菲的灵感。

她喜欢文艺片，不只是因为悦目的男女主角让人心生眷恋，更主要的是，李炳淑自己演出的不就是舞台版"文艺片"吗？但同样是倾慕、爱恋、守候、团圆，同样是背叛、欺骗、痛苦、纠缠，电影与戏曲的形式距离大得让人瞠目。正是这条既深且长的鸿沟，让大量青年人对古典舞台不敢爱、爱不动、爱不起，他们也许感觉，和电影相比，传统戏曲的爱恨情仇都像是被厚厚的绒布包裹起来了，刀子去了刃儿，开水降了温，偏偏锣鼓声还要那么大，胡琴声还要那么响！可要是戏曲演员也是这个水准，那就麻烦了。好的戏曲和好的电影，在某一个层次上，难道不是共通的吗？

《卡萨布兰卡》里的英格丽·褒曼，高贵优雅神秘忧郁，是不是有点《霸王别姬》里虞姬的味道？《乱世佳人》的费雯·丽，勇敢泼辣可爱狡黠，是不是有点《游龙戏凤》里李凤姐的声息？《罗马假日》的奥黛丽·赫本，清新脱俗高雅纯美，是不是有点《梁山伯与祝英台》里祝英台的影子？还有那些让人过目难忘的男演员们，像《佐罗》的阿兰·德龙、《一夜风流》的克拉克·盖博，一个似侠义的武生，一个如多情的小生……国内的明星们就更多了，赵丹、仲星火、王心刚、孙道临、于洋、谢芳、王晓棠、秦怡、王丹凤、张瑞芳……他们有各自的气度和风华，和域外演员比起来，少了点浪漫柔美，却多了份让人振奋的革命气质，而在那个火红的时代，这不正是最让人动心和沉醉的吗？

李炳淑盯着各种各样的哭着的、笑着的、蹙着眉头、咬着嘴唇、扶着下巴、握着拳头……的面容，深深地被吸引住了。他们的魅力当然不只是漂亮，而有一种内在的力量，无言时你不觉得失语，落泪时你不觉得羸弱，你相信一切苦难对于他们只是暂时，他们总有办法迎来让人刮目相看的成长。戏曲里有这种东西吗？当然，王宝钏有，谢瑶环有，穆桂英有，只不过戏曲演员们容易淹没在程式和技巧的汪洋大海里，对于人物的体会并不像影视演员那么自觉外露，以至于观众有时已经心里有了暖意，戏曲演员却还是冷冰冰硬梆梆的。这多么对不起观众！

黑魆魆的电影院里，观众对剧情的默契反应织成了一张无所不在的网，李炳淑破网而出，顽强地遥想。别人开心消遣，她辛苦得紧。

没办法，谁让你也是个演员！

当时的她，怎会想到，日后果真有一天，自己能把电影中得来的苦思酿成艺术的蜜，又调和进“江水英”和“白娘子”里，调和进“王春娥”和“谭记儿”里。她怎会想到，自己也会成为银幕明星，温暖和跌宕着几亿人的情怀。

岁月静好，上了年纪的上海电影院至今仍在。环境说不上很好，票价却实惠，不知道座位里还常会有一颗艰难苦旅、冥思顽想的求艺之心吗？

莺慵燕懒蝶倦飞，冷落了芳菲……

几番梦回中南海

——与共和国领袖毛泽东

春季，不管在北方还是南国，都有一段柳絮纷飞的日子。白色绒毛在空中随风嬉闹，不听话地粘上头发、钻进鼻孔，又攥成了团在地上四下里撒欢，惹得人躲躲闪闪，逗起春的兴味，也有了春的烦躁。

秋天多事，春日多梦。《牡丹亭》里的杜丽娘，就是在春天里做了一个梦，为此梦死，为此梦生。最终，梦境变成了现实。

对于另外一些人而言，现实也可以变得像梦一样。比如李炳淑。

当她进入上海戏校这所新中国极有声望的戏曲学府之后，她的艺术发生着神奇的蜕变，区区一两年时间，已成为让人瞩目的翘楚。不少人开始为她操心日后何去何从，她的命运弦索，被揉拨着发出了一阵嘈嘈切切的争鸣之声。

锦江饭店里的谈话

1960年春天的一个下午，学校总务科的老师特意找到李炳淑：

“今天晚上不要练功了，有任务。”

戏校学生经常参加市政府的一些接待活动，往往是清唱。一般被提前通知“有任务”。

“早点吃好晚饭，换一身干净的衣服，在学校传达室门口等着，会有人来接你的。”

李炳淑遵嘱而至。天色一点点暗了下来，却并不见有人来问。温柔

1960年的锦江饭店北楼

的晚风拂来，吹醒了她丝丝缕缕的疑惑——往日的演出，总会有三五同学相偕同往，青衣杨春霞、老旦孙花满、老生的李永德和朱文虎、武旦齐淑芳都是常去的。这次为何只有她？

夜幕将至，天地间像笼罩着一张灰色的大网。她越发觉得无着无落。

一束明亮的车灯刺破了夜色。这是一辆黑色小轿车。车停在门口，有人拉下车窗喊："李炳淑！"

她赶紧从花坛上坐起来。

"快上车！"

车门早为她打开了。她懵懵懂懂钻进车去，坐在司机旁边。往后一看，后面坐着校长俞振飞和副校长言慧珠。她慌忙侧起身："校长好！"

"坐吧。我们要走了。"俞振飞的音色里浸着浓郁的昆曲味。

"我们去哪儿？"

"到了你就知道了。"美丽的言慧珠发了话。

帘子被司机严严实实地放了下来。透过精致的镂空花边，茂名路、淮海路两旁的梧桐树影哗啦啦地一闪而逝。车停了，眼前是上海极负盛名的宾馆——锦江饭店。

“校长，什么事儿啊？”

“进去说吧。”

电梯徐徐而上。李炳淑如坠云雾之中，只听得一颗心怦怦乱跳。侧眼向言校长投去一眼，却见她故意将脸儿转向一旁，嘴角浮现一丝若有若无的微笑。

索性闭上眼睛，由它去也。

出了电梯，跟着校长们进了一间古香古色的大会客厅，居中挡着一扇屏风。待转到屏风之后，李炳淑愣住了：沙发上坐着毛主席。

李炳淑额头沁出一层细汗：这位叱咤风云的共和国领袖，怎么会出现在此？校长们又有什么不得了的事情，要带着一个没见过世面的学生来打扰主席呢？……她脚下如同生了钉子，不敢再挪一分一毫。

“你们请坐！”主席操着一口浓重的湖南话对两位校长道，又向李炳淑招招手，“小李，来，过来，坐在我旁边。”

李炳淑挨着边儿坐了下去。

“小李，来，我给你介绍一下——”主席指着对面一位早已在场的陌生人，李炳淑慌忙又站了起来，“这就是你们安徽省省委书记曾希圣同志。”

“曾书记好。”她没想到会在这里见到“父母官”。

“你好。”曾希圣上下打量了她一番。

“小李呀，你看我多难做人呀——”主席拉长了声调。

难做人？……李炳淑怀疑自己刚才慌乱中漏听了什么内容，为何他老人家没头没脑地冒出这么一句？她不知说什么好。

“是这样的——现在呢，上海想留你，安徽要让你回去。一来二去，官司就打到我这里来了。你看，我多难做人。”

她明白了一星半点。

两年前，李炳淑作为安徽蚌埠专区京剧团的培养对象，送至名师云集的上海戏校进修。学期汇报时，谁也没想到，这个看似普通的安徽姑娘，竟以一折短短的《女起解》引起了观众潮水般的好评，惊动了俞、言两位校长。两位戏曲界的坐标人物在仔仔细细地看了一遍李炳淑的演出后，郑重向市委的领导们发出邀请。于是，一向关心戏校发展的市委宣传部部长石西民、副部长陈其五、文化局长李太成亲赴戏校剧场看戏，一剧未终，陈其五惊叹："上海出了个小梅兰芳！"复向上海市委第一书记柯庆施汇报，并建议：能不能将李炳淑留下来。

安徽省省委书记曾希圣是个极爱才的人，他听说此事，大为光火。——在安徽，他有个外号"曾霸王"，此"霸王"二字，并非是说他蛮横霸道，而指其爱才如命。对于人才，他的嗅觉极其敏锐。

《曾希圣传》中的例子颇能说明问题：

> 一天，《皖北日报》的《读者来信》栏里发表了一位名叫王劲草的中学教师的一封信，婉转地批评省领导重防洪、轻浚河的偏颇。作为皖北区党委第一把手的曾希圣看了不但不生气，反而发生了极大兴趣。他提笔写了封回信，约王劲草面谈。……在"面试"后，曾希圣以王有胆有识为由，任命王劲草为水利委员会委员。后来又让王劲草当农科所长、农学院副院长。在工作中，王作出了不小的贡献。人们都夸曾希圣"从《读者来信》中抓来一棵草"，曾希圣说是"兰草"。
>
> （《曾希圣的人才观》，《解放日报》2004年1月23日）

这样一个人，当然不会将安徽籍"小梅兰芳"拱手让人。在一次赴京开会期间，柯庆施特意找曾希圣商量将李炳淑留在上海，但曾希圣根本不给老友面子。不久后，毛泽东主席来上海视察工作，柯庆施又向主席反映了此事。这就是所谓的"官司打到我这里"。

但是，此事乃领导一层的机密，李炳淑全然蒙在鼓里，一无所知。

主席对着两位校长："你们上海戏校师资力量强……"又转头看看曾希圣："安徽师资确实不如上海。"话锋一转，"小李不属于安徽，也不属于上海，她是国家的。既然是人才，我们就应该培养。我看这样——"

李炳淑心里一根看不见的丝弦绷得快断了。

"就让小李留在上海。"

哗啦啦，那根弦猛地一松，痛快地里打了个滚儿。

"希圣同志，你看怎么样？"还是主席的声音。

曾希圣对这个结果已猜到八九分。可是此刻，他还是有点神情不自然，他说："既然主席发话了，那我们还有什么可说的呢？"

毛主席微微点头。

言慧珠提醒："炳淑，快站起来谢谢毛主席和曾书记呀！"

李炳淑如梦方醒，飞快起身，鞠了两个至少九十度的大躬："谢谢毛主席！""谢谢曾书记！"

"曾霸王"很会打算盘。事后他提出：安徽科技水平差，希望能从上海调来两位专家进行支援。上海不好再次拒绝，满足了他的要求。由此，一个说法流传开来：两位科技专家，换一个李炳淑。

尴尬难堪一支舞

这一夜，李炳淑不知自己是怎么睡着的。

这个天大的好消息，她不能告知父母，毕竟上海方面还没有发来调令，宜妥当些再讲；更无法告知同学——谁会相信她的话呢？一个年轻演员的去留问题，竟然有劳国家领袖出面做主。哈哈，在做白日梦吗？

可是，比白日梦还要离奇的事情，就这样自自然然地发生了。她是个循规蹈矩的人，个性沉稳安静，谨慎内敛。除了练功、吊嗓、演戏，两耳不闻窗外事，生活只在宿舍、练功房这两点一线之间打转。她没有"万里夕阳锦背高，翻身犹恨东洋小"的野心，也没有"夜来西风里，九天雕鹗飞"的追求，在她眼里，学到一身本领为工农兵服务，这就是完美的人生了。

1960年，将注定成为李炳淑生命中具有标识意义的一年。

世事往往如此：你争名夺利，往往竹篮打水；但平静淡泊，机遇却不一定就不来找你。李炳淑是后者。

1960年李炳淑照

真的是穷通命定，上天偏爱？

她波澜起伏的戏剧人生，就此拉开了帷幕。

第一次见到毛主席，是在几个月前——

1960年初，锦江小礼堂。

李炳淑彩唱了一折《望江亭》。也许是喜欢"谭记儿"的叛逆聪慧，也许是欣赏李炳淑的不俗唱功，谢幕时，毛主席起身鼓了掌。

第二天，李炳淑和几位戏校同学一道，应邀参加了领袖们的舞会。期间插入戏曲清唱，她演唱了《女起解》。一段唱毕，操着一口浓郁山东口音的文化局长李太成发了话："李炳淑，你去请毛主席跳支舞。"

周恩来、陈毅、叶剑英都是舞林高手，周恩来文雅洒脱，喜欢跳"四步"，陈毅热烈奔放，喜欢宫廷舞；毛主席则不擅此道，常常追不上舞曲节奏，但是他性情豪放，不拘一格，索性不受节奏约束，闲庭信步，倒也很有个人特点。一般地，请他跳舞的都是歌舞剧院、话剧团的女演员们，只有这些专业的舞伴，才能随机应变，巧妙配合，让他尽兴而返。当然，李炳淑是不明白其中讲究的。

"李局长，我不会跳舞。"李炳淑实话实说。

"没事，你跟着他跳就行。"李太成并不觉得这是个问题。

李炳淑只好"打肿脸充胖子"了。

"花满，你能不能带我去……"同学孙花满曾经和主席跳过舞，由她引见最好不过。

"主席，您好！她叫阿炳，想请您跳一支。"孙花满落落大方引见。

"阿炳？"毛主席很是惊奇。

"她大名叫李炳淑，我们都叫她'阿炳'。"

"那你是一张饼喽？"毛主席开心地反问。

这句话像温煦的风，刮走了她的犹疑和惊惧。她飞快地做出判断：和主席跳舞，想必是轻松愉快的。

事实证明，她的估计严重出错。

舞曲舒缓动听，两个人的配合却呆板笨拙。李炳淑只怕跟不上对方，脚下慌乱不迭，全无章法。一不小心，就踩上了人家的脚。

“哎呀，主席，对不起！”她又羞又急。可越是小心，就越是阵脚大乱，频频中彩。

“主席，对不起！”

“主席，对不起！”

她简直不敢迈步了。

短短几分钟的舞曲，此刻却变得无比漫长和难熬。李炳淑低着头，懊悔至极：这一地脚印，数自己的最不该留在这里。

毛主席迈着他坦荡荡的大步，低头看着羞愧难当的舞伴：“没关系。”

一曲终了，李炳淑如同大赦，扶着主席到沙发边坐下。鞠躬复道歉，像一个干了错事的孩子般心慌气短。她打定主意：回去一定要重头学起。

心神不宁地坐在位子上，她开始留意那些婀娜多姿、轻盈优美的舞者。有的像高傲的天鹅，脚下滑翔出一层层绚烂的水波；有的像翻飞的蝴蝶，双腿旋转出多姿的曲线。舞者看似不动声色，却有让人心旷神怡的和谐之美，默契之美。这才是真正的舞蹈！她再次自惭形秽了……

她不禁想起某次舞会的一幕——舞池里，一位神秘高雅的女士吸引了所有人的注意，她烫着齐耳短发，身着银灰色衬衫，精干的裤装修饰出姣好笔直的腿型。最让人注目的是她那让人惊讶的舞步：热烈狂放、个性张扬，交叉、踢腿、跳跃、旋转……看得李炳淑眼花缭乱：这是什么舞？

座位中间响起一片私语声：

“探戈跳得真好！”

“那是谁呀？”

“主席夫人，江青。”

李炳淑大吃一惊。还没等再细看，一支曲子已经到了尾声。一个华丽的“亮相”后，江青谦和地笑笑，不慌不忙地走到人群中，隐没在一个不起眼的角落里。

难得她才艺如此出众，为人却如此低调！座位里又是一阵叹息。

包括李炳淑在内，谁会想得到——这位探戈跳得出神入化的主席夫人，日后将成为政治舞台上的风云人物。

跳，跳，跳，一段人生三部曲在她脚尖谱写开来。

“我请你们吃大螃蟹！”

1962年10月下旬，上海一年中最可爱的时节。

此时气候最佳，脱去了夏季的潮湿闷热，却依旧保留着秋叶的多姿。而且干爽少雨，几乎日日是金黄耀目的好天气。

这也是老饕们的佳节，“秋风起，蟹脚痒；菊花开，闻蟹来”，九月份母蟹最肥，十月份公蟹最香。特别是大闸蟹，肉质细嫩味道鲜美，是天赐的蟹中珍品。但是它价值不菲，60年代也得两三块钱一斤，不是普通百姓可以随便问津的。

一天，炳淑得到消息：毛主席来上海视察工作间隙，要请大家吃大闸蟹。受邀的有戏校孙花满、杨春霞、李炳淑等六七个女孩子。

锦江俱乐部的饭局早已备好。一桌美味珍馐，中间满当当地垒着一大盘清蒸蟹，每人跟前还有一小碟姜醋。

“大家动手吧。”主席招呼。

这些女孩子们已是主席的“熟人”，不再客气，提箸自取。李炳淑也夹了一只。

毛主席环视一周，个个吃得香甜。只有李炳淑愣愣地盯着“无肠公子”，大眼对小眼。

“小李，你怎么不吃呀？”

在淮河流域长大的李炳淑，从来就没有碰过大闸蟹。她原先以为吃蟹不过就是连壳带肉大口咀嚼罢了，怎知并不那么省事。旁边的杨春霞老练地拆下蟹腿，蘸蘸姜醋，吮得很自在；对面孙花满已经若入无人之境般地嚼起了蟹钳，还有人打开了蟹盖，那蟹盖中竟是红红黄黄的一坨……

听见主席问话，她赧颜：“我不会吃。”

“这不难，你看——”毛主席两手并用，拿自己手上的螃蟹作起了教材：要剔除内脏，留下精华……

李炳淑喏喏。剖开一只，学以致用。

从此，蟹宴不再让她感觉拘谨尴尬，在文艺界人士的会餐上，她也可以摆出自如老练的样子，为局促的生手们指点迷津。别人惊诧她对吃蟹如此精熟，她说："只是懂一点。"

再次见到毛主席，是在两年之后的全国京剧现代戏观摩演出大会上。

1964年的这次盛会，是新中国成立后京剧现代戏一次高规格展演。李炳淑作为上海代表团成员，参演了言少朋、张少楼主演的现代戏《柜台》，赴京后又观摩了各地剧团带来的如《红灯记》、《芦荡火种》、《奇袭白虎团》、《智取威虎山》、《黛诺》、《六号门》、《红嫂》等一大批质量过硬的剧目。耳濡目染，她对现代戏表现生活的方式、手段有了认知，那些人物，时时让她揪紧心，咬痛唇，流下火辣辣的热泪。这个以传统戏立身的大青衣，一次次为现代戏的感染力所惊叹。

大会最末一天尤为隆重——为了表示对京剧现代戏的重视，中央政治局常委及文化部领导集体出席，并在会议结束时与全体演员合影。

一个高大的身影出现在门口时，会场立刻沸腾起来。

"是毛主席！""毛主席！"

有人失声高喊，有人动情地擦起眼泪，更多人立即伸出了手，现场霎时成了一片白花花的胳膊的海洋。轰隆隆的声音隐没和膨胀在其中，每个人都想往前冲，但却被强大的引力重又拉回了海平面。李炳淑人瘦，在这种场合只好被涌动的人群裹挟着移步，一点点被推远了，直到各院团被安排与领导人合影，她才远远地漂了回来，如一颗棋子安置到她该在的地方。

上海代表团位置极佳，就在领导们身后，而李炳淑正好站在主席的斜后方。

主席不紧不慢走入队列，正要坐下，又下意识地回头一看，发现了李炳淑。"小李——"他极轻地打了声招呼，音量和语气都恰到好处，既能充分地表达喜悦，又让别人不觉得受到了冷落。

李炳淑压低了声音："主席好。"

真是怪，面对主席她曾经那样紧张，今日却难得地放松舒展。那次尴尬的舞、美味的蟹、为她的未来作出重要安排的会面，在时光中不知不觉地发生着化合反应，一点点软化了大国领袖的形象。声浪光影里，别人看到的是神祇，她却看到了一位亲切的长辈。

“苦瓜好，先苦后甜呐！”

时光进入1965年，李炳淑的舞台生涯打上了一个分号。她要和剧团的同志们一样，到农村参加“四清”运动了。

全国范围内的“四清”运动自1963年起历时将近四年，前后有几百万干部、教师、学生、知识青年参加了工作队，运动从一开始的“清账目，清仓库，清工分、清财物”发展到后期的“清政治、清经济、清组织、清思想”，对于解决城乡干部的不正之风和经济管理等问题，起到了一些作用。但李炳淑在运动中的经历，却有点玩笑味。

组织上一声令下，李炳淑和同事们一起，到上海川沙县北蔡公社的陈桥大队住了下来。初来乍到，其他还都好适应，难的是当地方言极其难懂，听来好似外语。刚到时，老乡吐出三个字“峰堵埋”，一下子怔了李炳淑。

什么什么？她睁大了眼睛。

老乡重复了一遍。

后来才知道，原来是“风大哩”。

如此简单的三个字都听不懂，怎谈得上生活中自如交流？无法交流，又怎样“深入群众、访贫问苦”？李炳淑只好找“翻译”帮忙。

慢慢地，确实能“接受贫下中农再教育，改造人生观世界观”了。不久她发现，自己和同事们的到来，为老乡添了麻烦。每天中午，老乡们都要从地头赶回来，特意为这群城里人做饭。饭菜总要有点嫩绿时蔬，还要炒一份油乎乎的荤菜。可老乡们自己的饭碗里，总是几根蔫萝卜干。

她着急：“你们吃什么，我们也吃什么。”

老乡点头，但端上来仍然排场讲究。

李炳淑很无奈，这样吃下去，耽误了农活不说，要生生把老乡家吃穷了。

她和同事们向单位要求：自己带厨房，不再让老乡供应饮食，才解放了人家。

虽不可能登台，可这又是另外一种新鲜的生活味道。日出而作，日落而息，鸡鸣狗叫、家长里短，夹杂着好闻的秧苗味、炊烟味、水泽味、泥土味……除了她不在行的政治工作外，其他的都从容适意。田间地头一朵朴素的野花，浅洼滩头一片宁静的芦苇，澄澈天际一抹灵动的云彩，甚至是劳作过后挂在鼻尖的一滴汗珠，也令人惬意和满足。用五十年后的话说，这叫“接地气”，怡性怡情，养身养心。

此时，她患肝炎尚未痊愈，还经常伴有低热，每月要回家看病调理一次。四月的一天，正当她提着中药赶回家，弄堂口一辆陌生的黑色轿车引起了她的注意。

这是找谁的？

她未多想，闪身上了楼。

“炳淑，快点来，有客人。”婆婆倚在楼梯口急匆匆地招呼她，“是一位女同志，人和气极了，陪我聊了大半天呢。”

李炳淑一抬眼，是毛主席的护士长吴旭君。

“吴护士长，你怎么到这里来了？”

“跟我走一趟吧。”

从吴的眼神里，李炳淑立即明白，毛主席要见她。

“妈，我有点事，要走一趟。”

坐上那辆黑色轿车，不消一刻就赶到了锦江饭店。

“小李，你来啦。”主席合上手里的书。

李炳淑郑重地鞠了一躬。

“这次主席是来上海视察工作，听说你去参加了‘四清’，想听你谈谈情况。”吴旭君补充。

提起“四清”，许多话题就在她嘴边，要汇报是不难的。

她老老实实地袒露心迹：“我从小被别人领导，现在却要去领导别人……再说了，我连小组长都没当过，现在还帮人家整顿支部、选书记委员，真不习惯……”

"就是要锻炼你们嘛！"

拘谨渐渐融化，李炳淑放松自如地描述起自己的所见所闻。"汇报"的味道淡了，倒像是一老一小拉家常。愉快的氛围里，时间流逝得无声无息。

突然，墙上的钟响了。李炳淑抬头一看，已经是中午十二点。

"主席，我该走了。"

"我请你吃午饭。"

"不麻烦您了……"

"我已经关照厨房，让他们加一个菜。"

李炳淑只好奉陪。

午饭很快端了上来，炒青菜、红烧鱼、炒苦瓜，青椒肉片，外带一个榨菜蛋花汤。色彩调剂得很好，但都只有一点点。

"主席，您吃得这么简单呀？"

"我一个人，足够了。"

李炳淑咽下一口米饭，夹了一片青椒。

"小李，你尝尝这个——"他指着苦瓜，"这是我们湖南的苦瓜，非常好吃。"

生在淮河流域的李炳淑从来没有吃过这道菜，她大着胆子尝了一小块。

"哎哟——"她皱着眉头立即吐了出来，"这么苦啊！"

"这是好东西，先苦后甜哪！"

李炳淑硬着头皮把剩下的又吃了下去。却见毛主席挟了满满一筷子放进口中，满意地点点头："就是要这个味道。"

……

"那时的苦瓜品种没有改良，苦极了！"多年之后，李炳淑想起这一幕，依旧蹙起眉头，仿佛那一小块苦瓜还停留在嘴里。

先苦后甜——主席难道仅仅是冲着其中的哲学而喜欢苦瓜？当然不是。湘人嗜辣，易生燥热，而苦味最能清火，爱吃苦瓜大抵是身体的自我调节而已。但皖人则无此需求了。

“你为五亿农民演了一出好戏！”

最后一次见到毛主席，是在“文革”中的1972年。由于时局紧张，李炳淑又是样板戏《龙江颂》的女主角，地位特殊，此次见面之前的过程，颇为曲折神秘。

当年7月，李炳淑随《龙江颂》剧组在北京拍摄电影时，参加了在人民大会堂举行的“八一”建军节招待晚宴。其间，有领导找到她，悄声传达：“今晚大会结束后，你到人民大会堂东大门等着，会有同志来跟你搭话。”

《龙江颂》电影连环画封面

“哪个同志？”

“……这就不必问了，你等着

下农村清唱《龙江颂》

“江水英”造型

就是。”

三缄其口的语气，让李炳淑有点惴惴不安。“文革”中情况复杂，气氛诡异，保密工作非常重要。

晚宴后，李炳淑如约等候。偌大的会堂灯光全熄，她一个人站在黑得不见五指的暗夜中，不由生出一丝胆寒——普通人家将要熄灯休息了。

正在她惶惑不安时，耳边突然响起一个男声：“请问是李炳淑同志吗？”模模糊糊地，眼前出现了一个人影。

“……我是。”

“请跟我来。”

这该是那位“同志”？终于找到“组织”了。

“请上车吧。”

李炳淑钻进了车。几分钟后，车子停在一所宅子前。李炳淑下了车一看，这是她认识的一位女同志的家。来这里干什么？还未开言，对方的话又让她陷入另一个谜团：“炳淑，马上会有车来我这接你，你等几分钟吧。”

原来，这里只是个换车的中转站。

“到底要见谁？”

她也不说，只是笑。

两三分钟后，果然又来了一位男同志。

“李炳淑同志在吗？”

“……我就是。”

“请上车吧。”

《龙江颂》电影剧照

地下党是怎样“接头”的？李炳淑没演过。但她感觉，这也差不多。

车帘被严严实实地放下。车子东绕西绕，好像经过了几个岗哨，司机和警卫人员交涉了几句，音量极小，根本听不清。最终，车停了。

司机敏捷地下车，替她打开了车门，恭敬地指着前面：“您顺着那条小道走到头，拐到尽头的大屋子前，推门进去就行……”

月色皎皎，路灯耀目。眼前的建筑既浑然大气，又精致讲究，虽已是农历六月，却不知从哪里送来一阵清风，舒适极了，好似是传说中的世外桃源。这究竟是何处？

她当然想不到，这里不是别处，正是毛主席居住的中南海。

依照司机的指引，她屏息凝神地推开门，经过一条不长的窄道，眼前突然开阔起来，一个宽敞的客厅就在面前。李炳淑往里一看，沙发上坐着五六年未曾谋面的毛主席。

“毛主席！”老人家精神不错，但看起来比以前憔悴不少。

主席已经起了身。

李炳淑小跑上去扶住他："您快坐，快坐呀！"

"你也坐。"

李炳淑刚要落座，他冒出一句："你这个位子，是前些日子尼克松坐过的。"

她被逗笑了。

"主席，您好吗？"

"托你的福，我很好啊！"他话头一转，"前段日子病了一场……你知道吗？"

以她一个平头百姓，如何能知晓这样的"机密"？

"主席，现在怎样了？"

"好了，好多了！小李——"他迅速转移了话题，"你们的《龙江颂》我已经看了五遍了。"

"真的呀？您什么时候来的？"李炳淑讶然，"我怎么从没在剧场里见到您呢？"

"四遍电视实况，还有一遍电影。"

李炳淑恍然大悟，每次在二七剧场演戏，军代表都要发话："今天有首长观看，要严肃对待，全力以赴！"可是从开始到结束，哪能见到什么首长？现在回想，主席是通过专线看戏的。

"谢谢你和剧组，为五亿农民演了一出好戏啊！"

一个"谢"字出口，似有千钧之力，李炳淑愣了片刻，不知该从哪里说起，"主席，我们做的还很不够……"

"小李呀，我们是个农业大国，可是反映农村生活的作品太少了！"

她赶紧表态："主席，我们以后一定多排农村题材的戏，多为农民演出。"

秘书张玉凤端来两杯水，冲着李炳淑笑着点点头。气氛被氤氲的水蒸气一点点熏暖变热。李炳淑喝了一口，喉头的一点干燥和紧绷，慢慢褪了。

"小张，你放几张京剧老唱片听听。"

"主席要听哪段？"

"马连良的《借东风》，高庆奎的《斩黄袍》，还有《游龙戏凤》，要言菊朋、新艳秋的。”

李炳淑暗暗吃惊，外面早已成了“样板戏”的天下，而这里竟然是一个真空般的传统戏世界。

李炳淑越想越糊涂。

《游龙戏凤》听毕，主席开了口：“新艳秋其实不是程砚秋的学生，但是她学程派学得很像。……演员不应有门户之见，特别是你们年轻演员，兼收并蓄才有进步。”说到兴头上，他问：“小李，你能不能来一段‘娃娃调’？我喜欢听。”

“娃娃调”是京剧中娃娃生、小生、武小生等行当演唱的特殊唱腔，它旋律起伏大、音域宽，高亢明亮，刚劲挺拔，可听性很强。可惜，“文革”后传统戏成了大毒草，没人敢唱了，长久不碰，李炳淑也有点生疏。情急之下，她想出个变通之法：“主席，《红灯记》里那段‘提起敌寇心肺炸……’是娃娃调，我唱给您听吧？”

毛主席点头。

“江水英”变成“李铁梅”，大客厅成了小剧场，金石振声，袅袅琅琅。唯一的听众专心投入，频频点头，结束时几乎要击掌了。

她刚坐下，主席像突然想起什么：“小李，结婚了吗？”

“结了。”

“对象是谁啊？”

“李永德。”

“噢，是那个小李啊！”毛主席曾经多次看过他的演出和清唱，有些印象。

这时，张玉凤端出两个漂亮的桃子，放在桌上的盘子里，它们如同工艺品一般晶莹剔透，透过薄皮，似乎能看到下面包着的一汪水来。

“这是无锡的水蜜桃，很甜，你尝尝。”主席招呼，见李炳淑不动手，他打趣：“怎么，你还要给小李带回去啊？”……

回上海后，她将此事告诉了丈夫，李永德一听，埋怨不迭：“你怎么不带回来呢？主席给的桃子我才不吃，要供起来！”

……

这次聊天让李炳淑久久感怀，却又深深遗憾——主席的湖南口音很重，说的话至少有一半她是听不懂的。那位灵巧的张玉凤秘书，只是端茶倒水时才出来，否则可以做个好翻译了。只记得主席信马由缰地聊开去，谈到不少安徽历史名人，陈胜、吴广、包公、李鸿章……李炳淑只怨自己知识面不宽，除了点头，谈不上交流。

但这已足以让人珍藏和回味一辈子！

李炳淑有幸能多次和毛主席近距离地交流，特别是这最后一次，竟然听他畅谈了三个小时。某一刻，她有点恍惚，这到底是现实，还是在梦中？她的人生，因为这三个小时，好像陡然增加了分量。

临告别，主席一定要请她吃夜宵。李炳淑搓着手："主席，不吃了，您工作吧。"她知道，深夜正是毛主席处理国家事务的时间。

"不影响我，张秘书带你去。"他又兴致勃勃道："就吃炸酱面吧，鲁迅《故事新编》里的嫦娥就是吃了乌鸦炸酱面，才飞上天的。"

子夜一点，在书屋后的餐厅，李炳淑吃了一小碗面。那味道，她终生难忘。

那是中南海的味道。

临上车，她又远远地向主席的书屋投去一瞥，这位风云人物的诗意侧影，仿佛就投射在窗棂上。

第二天，当她将被毛主席接见之事向领导汇报时，对方掂量半晌，谨慎回复："暂时不要向外讲。"

何以会有如此指示呢？

当然，原因之一是林彪"9·13事件"阴影犹在，时局变化，需万事小心。而且，领导之间的微妙关系，也需要平衡和掂量。总之，当上海方面的领导听说主席表扬《龙江颂》剧组之讯时，已是一个多月以后。

对李炳淑而言，最重要的改变来自周围人对自己的看法的改变。人们听说她与主席独处三个小时之后，无一不大为吃惊。啧啧称羡者有之，深深感叹者有之，暗地里捕风捉影者更是大有人在，有人传闻：李炳淑看起来老实，其实很会经营……别人看她的眼神，开始夹杂猜测、怀疑和讥诮。

对于这些，她不去搭理，嘴长在别人身上，由他去说，清者自清。她依旧踏实自信地生活，全情投入打磨她的艺术——主席的“兼收并蓄”之说，藏着老人家对戏曲人才成长的真知灼见，值得她认真实践。

一转眼，几十载光阴一闪而逝。

记忆是脆弱的东西，经不起时光的淘洗。但那一碗炸酱面，却穿越了几十年的距离，愈发香浓。

当时明月，依依素影，何处飞来？

浴火凤凰出清声
——《杨门女将》去香港

1961，对“梅迷”们来说，是灰蒙蒙的一年——

8月8日，梅兰芳先生因心脏病发作突然逝世，这位戏曲界登峰造极的大师级人物，还没来得及给戏迷们一个漂亮的谢幕，就匆匆作别。

那迷倒众生的兰花指，可以永远定格在照片上。可是，他那让人着魔的表演艺术，即便能靠着录像留下硕果仅存的几个剧目，终究是一去不返了。几人能继承他的衣钵，让戏迷们再轰轰烈烈地做一次梦呢？从境外传来流言：大陆的梅派精英，就此告罄。戏曲传人，青黄不接。从此之后，戏曲舞台的冬天要到了……

此时，三年困难时期将至尾声，普通百姓的饭桌上仍然缺少油水的滋养。

一言蔽之：从物质到精神，都够困顿，够清寒。

但李炳淑和同学们已经看到了曙光。

“能不能打胜这一仗？”

1961年7月，中苏友好大厦。

由杨村彬导演、马科任执行导演的上海戏校赴港剧目《杨门女将》正在小剧场上演，观众席里坐着一群特殊的客人。

客人们由两种色调构成，一种是庄重肃穆、又透着温厚和气的灰和蓝，那属于周恩来总理、陈毅副总理和国务院、文化部的官员们。另一种，

1961年赴港演出说明书

则是热闹张扬的粉红、翠绿、靛蓝、鹅黄……那是文艺界人士的衣香鬓影，白杨、秦怡、张瑞芳、赵丹、王丹凤……光彩足以照亮昏暗的剧场。

这次观演，是周总理亲自安排的。他邀请“大腕儿”们提意见，谈不足，帮助《杨门女将》进一步提高。

台上的“穆桂英”和“众女将”们紧张极了，在某个黑暗的角落，是要偷偷擦一把汗，咽一口水的。但上了场，任是有孙悟空的火眼金睛，也看不出戏装和油彩下掩住的那一丝胆怯。这时候，她们已经是一群雄赳赳、气昂昂的古代巾帼，怎好露出半点不自在？

台下的眼神，并不显山露水，更没有普通观众动辄喝彩叫好的热烈。他们的赞许，也只是眼中闪过的一个小小火花，嘴角牵动的一缕微笑，他们见过的世面何其大也，经历的精彩何其多也，而且此刻担任着“裁判员”的身份，自然要有份居高临下的气势。直到大幕放下的那一刻，全体演员鞠躬致谢，才听到了来之不易的掌声。

站在演员中间的李炳淑，借着戏装的“掩护”，大胆地望了一眼观众席里的周总理，他微笑着，还不时与陈毅副总理愉快地聊上一两句，这似乎说明演得还不错。李炳淑长长吐出一口气，像卸下了一块大石头。

刚到后台，就接到通知：赶紧卸妆，周总理要接见主要演员。

紧张瞬间变成激动。天波府里的“穆桂英”，雄浑气度消失得无影无踪，任是卸妆油抹了几次、涂了几层，总还有零零星星的粉痕，真个是丢盔弃甲、溃不成军了……

和孙花满、齐淑芳、李永德、张洵澎、王芝泉一道，几人兴冲冲来到咖啡厅外。谁先进？大家眼神一碰，又都缩了回去。

踌躇许久，不知是哪一个，硬着头皮撩开了那块重重的红色金丝绒大帘，李炳淑往里一瞅，十几张小圆桌，七八十位“大腕”围坐四周。

她的眼神还未来得及收回来，就与周总理对个正着。

“快进来哟，小鬼！”

“小鬼”们吐吐舌头，诺诺而入，却不敢落座。

“就坐我旁边。”

只好照办。

总理向专家们投去了热切的目光：“孩子们的演出怎么样？够不够走出国门？能不能打胜这一仗？……请大家多提意见。”

“打仗”之说，李炳淑并不是头一次听到。刚刚接受“穆桂英”角色时，她就被告知，这次演出是有特殊政治意义的——台湾方面散布种种论调，宣称大陆文化界人才流失、后继无人。周恩来总理提出，选派一支青

1978年，恢复老戏《杨门女将》，李炳淑饰穆桂英，孙花满饰佘太君

春蓬勃的队伍，以文化交流的形式展示新中国人才培养的成果、粉碎敌人谣言。选来选去，选中了上海青年京昆剧团。考虑到香港是世界之窗，各国媒体都有分支聚集于此，演出活动能够吸引全世界的关注。所以，赴港演出是一次极重要的政治亮相。

文艺界人士们纷纷表态：

“阵容整齐，演出卖力，精神面貌很好！”

“短短五年时间，能达到这样的水平，已经很不容易。”

“一定能打个圆满的胜仗！”

周总理爽朗地笑了。他回过头，往“小鬼”们的桌子上一瞅，发现了可爱可笑的一幕——也许是因为演出成功消解了压力，也许是因为夜已深沉饥肠辘辘，孩子们的肚中馋虫蠢蠢欲动了，他们不约而同地盯上了桌子中间的一小盘点心。你一块，我一块，塞入口中，盘子顷刻一空。

“来，大家吃个够。”总理赶紧又把自己桌上的一碟递过去。

内外兼修的礼仪训练

终于到了11月，赴港的日子一天近似一天了。

一个个神秘的大箱子被人送进了剧团。看样子有些分量。

打开了，赤橙黄绿青蓝紫一齐蹦了出来，带花边儿、褶皱儿、网眼儿的女士洋装，剪裁考究的男士大衣，图案洋气的领带，甚至还有式样新潮的皮鞋和包……没有一样不别致好看，不吸引眼球，不充满了另一个世界的“小资情调”。

“大家按照自己的身量、喜好挑，一人选两套。”

原来，这是赴港的“行头”。

并无一人惊讶，觉得有什么不妥。

此时国家负担重，普通百姓吃饭都是问题，哪里还有心思讲究衣着？可是要走出国门，如果还是寒寒碜碜，既失礼貌也伤国体。无奈之下，国家为出境演出人员提供服装，但只能用别的剧团使用过的。当然，尺寸大了可以剪裁修改。

李炳淑的目光跳过了花花绿绿的华服，停留在一件淡玫红的洋装上，这种红非常柔和温暖，极衬肤色。最可心的是，沿着袖子和领口还镶着一层黑丝绒的花边，俏丽秀气。

龚秋霞是位称职的礼仪老师

"阿炳，这件适合你！"不知谁说了一句。

她小心地拎了起来。它虽然贴过皮肉，沾过汗味，经过风尘，但却因此带来了心连心的亲昵感和同甘共苦的沧桑感。李炳淑对着镜子试了试，效果如同量身定制，无一处不服贴好看。而且，穿惯了练功服的她，头一次穿上这种欧式洋装，竟有点不敢认自己了。

又有人帮她挑了一件秋香色的旗袍。

她转身一看，大家都变了。

……

如果留意当时姑娘们在香港的留影，会发现：她们同是花样年华，身材姣好，能把同一件衣服穿出不同的味道来。李炳淑端庄、华文漪秀丽、张洵澎洋气、王芝泉俏皮……当然，换衣服穿，并不仅仅是为了满足姑娘们的扮靓心切，更是为了让主人知道：这群客人，并没有想象中那么贫穷。要省钱，也要好看，这是一门需好好研究的功课。而且在任何时代，都值得会过日子的女性们追随和推广。

有了衣服、皮鞋、拎包，剩下的是几乎从来不碰的化妆品。平素李炳淑习惯用最最普通实惠的甘油和蛤蜊油，但蛤蜊壳这样的形象，放在宾馆的化妆镜前就成了笑料。国家为大家着想，发了一笔费用，足以让姑娘们去大大方方地遛遛时尚的淮海路，去逛逛只服务外国人、外交官和政府官员的友谊商店了……

终于大气不敢喘地迎回一群宝贝儿：

粉色奶液，谁敢说不是奶？涂在皮肤上晶莹剔透，真跟喝饱了"奶"

一样！她穿着一层晶莹透明的玻璃装，像个骄傲的细高个儿公主；

黄色柠檬霜，好细腻，好神奇！手感像西菜馆里的冰激凌，敷上脸又瞬间能钻进毛孔里，还带着清香的柠檬味儿。她又矮又胖，是个敦实的好姑娘；

还有肉色粉饼，身量是单薄了些，但每次只搽上一点儿，就能为皮肤加上一层细腻柔和的保护层，而且真实自然，气色好极了！

它们是每个女孩子的向往。如今，都集合在李炳淑们手中了。

……

一支被初步包装、让人心旷神怡的“梦之队”跨进广州，住进了羊城宾馆。等待他们的，还有一场别出心裁的礼仪培训。

或问，又不是出去“走秀”，何必多此一举呢？答曰：此举绝不多余。这次出访的主要服装是旗袍、洋装，而戏校的学生们莫说旗袍，就连高跟鞋穿过的也很少，训练礼仪不但必要，而且亟须。

广东省省委书记陶铸亲自安排了一男一女两位老师，分别对男生、女生进行训练。女的是一位电影演员，叫龚秋霞。

曾任广电总局电影局副局长的江平在《我与电影人的亲密接触》中回忆：这位龚秋霞天资聪颖，歌喉优美，和周璇、白虹齐名，当年是风靡沪上的歌星兼影星。新中国成立前夕，因国民党政府迫害进步电影人，龚秋霞转移至香港，后入党领导的香港“长凤新”公司，饰演《雷雨》中的鲁妈轰动一时。

兼有上海、香港双重背景的龚女士做礼仪老师虽然有点“大材小用”，但却是最最上乘的人选。她细致热心，从如何化生活妆、打理头发，到怎样穿着旗袍走、坐、站、拎包、上下车、用手绢……凡是涉及仪表体态的，无一不细致介绍。每当晚饭后，她就开始督促：“大家‘扮上’，练习练习。”

于是，宾馆的大厅里立即热闹起来，方才还是一群毛手毛脚的小伙子大丫头，摇身一变，成了优雅的“先生”和“小姐”。许是因为年轻学得快，也因为爱美之心人皆有之，大家在极短的时间内迅速掌握了“美”的要领，举手投足间有了仪态万方的气度，有了张弛自然的节奏。那些秀气的高跟鞋，走起来仿佛是生在脚上；细溜柔美的旗袍，也能自信地拧出摇曳多姿的曲线了。男士们虽是闲庭信步，却因为礼帽、围巾、大衣的衬托，多了一分翩翩风度，个个都比得上潘安宋玉！

没什么好奇怪的，电影《窈窕淑女》里，那个原本粗鄙的卖花妇不是成功地变成了光彩照人的淑女吗？更别说这群年轻人——大家本就是极有悟性的演员，难道演不好另一个自己？

这绝对是一场全方位的严肃演出。

不能输，也输不起。

“哪里来这么多帅哥靓女！”

一列载着欢声笑语的列车缓缓驶入九龙车站。

“快！换衣服，化妆，发型整整好！”领导一声令下，车厢里立刻忙了起来。大家手脚并用，车厢玻璃蒙上了一层白茫茫的水雾。

装扮停当，李炳淑的眼睛向同事们一扫，笑了：别说是到香港，就是去法国巴黎这样的时尚之都，也不怕。

怕什么呢？论年龄，正是人生最好的时候，一个个鲜嫩得能掐出水来；论相貌，当初入校都是几百里挑一的好苗子，风采直追电影明星；论打扮，从上到下无一不精致讲究，高雅亮丽……随便挑一个出去，就能引来极高的回头率，更别说是几十号人组成的一支浩浩荡荡的队伍！

当他们下了车，进入香港大众视野，立刻引来了汹涌的观赏人流。

“靓啊靓啊！”

“哪里来这么多帅哥靓女！”

香港风气开放，人们对美的追求和反应直接而大胆。一看到这群美玉一样的年轻人，一时间看花了眼，有人大声赞叹，有人指指点点，有人甚至相互比较了：是这个更甜美一些，还是那个更秀气一些……早就严阵以待的媒体记者们，敏捷地一拥而上，噼噼啪啪的闪光灯照得人睁不开眼。

李炳淑几年来走南闯北，也算是个有经验的演员了。但这样阵势还是头一回遇到。她有点心慌，下意识地想捏捏衣角。但手刚往下一滑，洋装的花边儿立即让她清醒了：表现泱泱大国的气派，不在此时更在何时呢？炳淑，镇定啊！

一个漂亮的笑容荡漾开来。

一群多灿烂的戏曲之花！

“欢迎欢迎！”一声柔美的上海话飘了过来。大家顺着声音的方向一望。哎呀！好一团光芒四射的星云！

那才真是不折不扣的大明星！

最前面的是香港长城电影制片有限公司最为著名的“三公主”——夏梦、石慧、陈思思，后面还有傅奇、高远……他们都是香港左翼电影的代表人物，专程前来接风。

夏梦身材高挑，娴雅大方，一个淡淡微笑就已魅力惊人。导演李翰祥曾评价：“夏梦是中国电影有史以来最漂亮的女演员，气质不凡，令人沉醉。”武侠小说大师金庸也说：“西施怎样美丽，谁也没见过，我想她应该像夏梦才名不虚传。”据传，他曾虔诚地为她量身写过剧本，并视为梦中情人，可惜才子有情，美人无意，最终只是一段水月镜花的情缘……种种说法，为这位美人更笼上了一层神秘的色彩。而在李炳淑眼中，这位夏梦还有别样的魔力——她的美既能让男性痴迷，又不使女性嫉妒而能由衷地欣

香港长城电影公司著名演员“三公主”，左起：夏梦、石慧、陈思思

赏和赞叹，原因或许在于她美而不媚，安静平和。

“一路辛苦啦！”“二公主”石慧接着刚才的问候，又热情地加上一句。说话间，大家很难不注意她那大胆而别致的打扮：一条华贵的狐狸尾巴，听话地披在她的肩头，如同一只灿烂的光环，将周身烘托得艳光四射。但她为人极谦和热情，没有一点颐指气使的贵妇气。

陈思思是个单纯而直率的人，长相洋气。她的丈夫高远有“长城第一潇洒小生”的美誉。此刻她紧倚在丈夫身旁，友好地摆着手，颇有小鸟依人的味道。

一阵寒暄后，不知是谁招呼：“来来，大家合个影！”

“咔嚓——”，此刻变为永恒，今后插入了李炳淑的相册里。

……

五十年后，剧团里的年轻人偶然见到了这帧照片，大为惊奇：“李老师，您还和这么多香港明星照过相啊！”李炳淑凑近照片，她还能听到心脏的怦怦乱跳，伙伴们喘息未定的呼吸，还有与港星两下里相见的一声叹息——她们，怎么那么美！

如若这样的美能从头到尾坚持不懈，多好。可惜老天不与人方便——

那是在演出间隙，新华社香港分社派专车邀请演员们前去座谈。李炳淑手脚慢了些，别人都收拾停当上了车，她才刚刚出门。

“快快，只差你了！”车上人大声招呼。

她一听，急了，撒开步子就跑，几日来摸清了高跟鞋的脾气，脚下倒也呼呼生风。可是上车的那一刹，腿间“咯吱——”一声，她心里一紧，坏了！

旗袍，这要命的旗袍！

它可以最热情、最开朗，让美丽的更加美丽，让典雅的更加典雅；但又可以最无情、最阴险，让枯瘠的更加枯瘠，让肥硕的更加肥硕。最让人捉摸不透的是，前一刻，它还帮着你展示高雅舒展、落落大方的丰仪；后一刻，它就成了让人狼狈不堪的镣铐，挣脱不得的绳索。而李炳淑这种不熟悉它秉性的年轻人，是它最喜欢捉弄和欺负的对象。

在羊城宾馆进行礼仪培训时，龚老师曾经强调过：上车时务必要用指尖捏起下摆两端，既风度楚楚，也腿无挂碍。李炳淑是个认真学生，当时还专门作了笔记的。可惜知识未能融入血液，一着急又统统都还给了老师。

旗袍右侧，被硬生生撕开了一条足有两寸长的大口子。丝线毛糙糙地耷拉着，无奈而颓然。李炳淑紧紧捏着口子，泪水眼见要夺眶而出。别说是去参加活动，就是想回宾馆，如何迈得开步？

同事们也目瞪口呆。

还是随车的一位新华社工作人员帮了大忙。她向呆立着的李炳淑招招手：“来我这，我带着针线……”

李炳淑从此再不敢大意。这旗袍，是要好生伺候的。

事后不久，李炳淑又栽了一个让她防不胜防的小跟头。

她已经够小心，够仔细，每次外出活动，总要和同事们交换一下服装，尽量不重样。这一次是酒红，下一次就换作纯白；这一次是姜黄，下一次就换作宝蓝。只要适合自身气质、样式又说得过去，皆可以进入“后备衣橱”。

李炳淑

上海市戲曲學校京劇班第一屆畢業生。在言慧珠、楊畹農、魏蓮芳老師悉心教導下，專攻梅派戲。能演“鳳還巢”、“宇宙鋒”、“起解·會審”、“三擊掌”等戲，風格大方自然。在“楊門女將”中飾演穆桂英，扮相端莊，嗓音寬亮，武打也頗穩練。

赴港演出说明书介绍李炳淑

她有横向选择的空间，却忘了“观众”是纵向欣赏和对比的。

在一次应酬时，一位珠光宝气的太太上上下下地盯着她看，看得她怪不舒服。还没等她开口，对方已经操着上海话发问：

“侬这件衣服，怎么和王文娟的一样啊？”

“啊？”李炳淑一愣。王文娟是越剧演员，怎么会跟她一样呢？

“大概是穿王文娟的吧？”亏她想得出。

“不是，不是的。”李炳淑赶紧分辩。

对方的眼神里分明有藏不住的狐疑。

一回到宾馆，李炳淑赶紧将此事汇报了演出团秘书长陈洛宁。陈一听，明白了："大概真是王文娟穿过的，明天记得换一件。"

李炳淑突然想起：似乎听人说过，这些"行头"是上海越剧团用过的，也是赴港演出……呀！怨不得别人，只怪那位太太眼睛太厉害。

还好，从头到尾，这样的厉害人物，再没遇到第二个。

穆桂英的华彩

在穿衣打扮上感受到压力的李炳淑，却在剧场里找到了十足的自信。

这份自信首先是从报纸上得来的：

据报道，许多香港观众为了一饱眼福，舍下舒适的被窝、美味的早茶，天不亮就去排队买票，不少人甚至因此露宿街头。每当预售门票的日子，戏院门前就出现了三五百人的购票长龙。这条龙将戏院层层围起，竟能盘旋五圈以上。剧团首次公演《白蛇传》，头三场的戏票五个多小时内就卖光了。而《杨门女将》上演前，第一场门票在一个半小时内就被抢购一

《杨门女将》剧照

空。一些买不到戏票的人，宁愿拿出比原价高三倍的票价，要求人家转让一张。普普通通的戏票，此时成了馈赠亲朋的珍贵礼物，成了黑市黄牛漫天要价的热门商品，成了地位尊贵、社交通达的象征……

在一场酒会上，一位华侨斟满了美酒，特意来敬李炳淑：

"我要替穷人感谢你们！"

这没头没脑的一句感谢，让她不知如何回应。只听得对方解释：

"为了能买到票，不少有钱人雇佣穷人彻夜排队。原先生活无计的人们，可以靠这些劳务费买米买面了！"

原来如此！

而到正式演出时，李炳淑亲身感受到了观众的如癫如狂。

十二女将披挂上场，舞台"哗"地一下变成了琳琅的世界。颜色各异的靠衣皆为手工缝制，技术精湛、做工完美，完全经得住最挑剔、最苛责的眼睛检验；珠玉链片在灯光的折射下，闪耀出让人炫目的华彩，如同神器。而最为震撼的，是包裹在戏服下的十二个如花似玉、明眸皓齿的美人儿！

戏剧欣赏是一个充满了奇妙间离的过程。此一时，花非花，雾非雾，分不清谁是演员，谁是角色；彼一时，尘埃落定，花又是花，雾又是雾，演员终于又从角色身上脱离开来。此刻，剧院里出现了一次不寻常的集体性观赏迷失——观众不知道是该深深入戏、为这保家卫国的十二寡妇洒一把热乎乎的眼泪，还是该睁大眼睛、尽数网罗这十二张漂亮面孔的无敌青春……请原谅这些"不入戏"的观众吧！可有谁能抵挡得住这样强大的美丽阵容？个个水灵不说，十二个人竟然连身高都像新割的韭菜一般整齐！

说怪也不怪：在挑选演员时，李炳淑的个头就是一把标尺，过高过矮，立即淘汰。

因此，当李炳淑和同伴们伴着锣鼓点亮相时，台底下掀起了一阵又一阵风暴，掌声、喝彩声、欢呼声……只听得近排的观众不遗余力地呼喊"好靓！好靓！"

真个是高潮迭起，场场爆满。

《杨门女将》剧照

而真正将观众深深吸引到剧中不能自拔的，是一个个怀有家国之悲、勇武慷慨、可爱可敬的戏剧灵魂。特别是穆桂英，她刚柔相济、智勇双全，性格展现出如万花筒一般立体、绚烂的美好——既是情深意长、忠诚专一的妻子，又是被妯娌们敬重、信服的嫂嫂；既是心细如发、关爱婆婆的媳妇，又是善于培养、锻炼儿子的母亲；既是意志坚定、胆识过人的先锋官，又是细致耐心、胆识过人的帅才……

戏剧专家谢柏梁曾以极富文艺气息的笔触描摹李炳淑扮演的穆桂英的多面性：

她居家时温柔贤淑，善解人意，像一朵国色天香的牡丹花；

她失夫时魂飞魄散，“恰好似万丈崖坠身汪洋”，后来又浑身孝服，像一枝横遭风雨的雪白梨花；

当她满身戎装、一枪飞舞的时候，那一种压倒须眉的勃勃英气，活像一丛绵里藏针、色中带刀的霸王花；

她的唱腔，凄厉哀怨中带着肃杀之气，妩媚动人中裹挟着金戈铁马，荡气回肠中流荡着奇智大勇，活像一朵贴近人物、呼应观众的解语花……

（《〈杨门女将〉中的穆桂英形象》）

能够出演这样一个多面且面面皆有独特美感的女性，当然是幸运的，角色的光彩完全可以流泻和覆盖到演员身上。可是，就像一件美不胜收的披风一定要找美人穿戴一样，如果穿衣人没有清奇隽秀的骨骼，玲珑浮凸的身材，衣服越美，越是让人觉得可惜心疼，而换了合适的对象，美感则能以几何级数增长。此刻，穆桂英的成功，不仅在于名家名师们的精心传授和指点，还在于李炳淑的气质。她温润如水，却有坚定不移、强有力的内心操守；她看似小家碧玉，却藏着英雄主义的味道；不过区区二十年华，却有早熟内敛的气息。这使得她并只是在演戏，很多时候，她们仿佛合二为一了。

观众被这位年轻演员深深震撼。他们奇怪，何以一个年轻的女孩子，能将一个巾帼少妇的心理层次刻画得让人信服？她的音色极好，而且天生挂味儿；身手矫健，武艺过人。这样的新星，香港哪里找得到？

当观众们潮水般簇拥着，看到谢幕后卸了妆的李炳淑时，多少有点意外：她不像明星，倒好似邻家少女。羞怯，甚至还有点生涩。

没什么奇怪，演员在台上放光，就够了。

“孟小冬来看戏了！”

观众里，不少是从夏威夷、日本、东南亚等地赶来的华侨、华商，还有许多国家的驻港外交官、商务人员和新闻记者。

一位特殊的人物也不动声色地坐在其中。

“知道吗？孟先生来看戏了！”中场休息时，同伴兴奋耳语。

“哪个孟先生？”

“孟小冬！”

噢，孟小冬，不就是那位人称“冬皇”的著名坤生？她天资极好，命运传奇，只知道新中国成立前夕就离沪赴港，深居简出，怎么会再次抛头露面，难道只是为了来看看这群毛丫头们的演出？

李炳淑扒着幕帘，向观众席上投去远远的一望。别说人头攒动中看不到她老人家，就是她站在李炳淑眼前，李炳淑也是认不得的。这徒然一望，只是一种热切心情的下意识动作罢了。

晚年孟小冬

后来得知，是中共派人从中牵线，希望她来看看新中国人才培养的成果，并能打消疑虑，像裘盛荣、马连良、张君秋一样回到大陆去。她倒也很给面子，不辞辛苦，特意从她所住的香港岛过海来九龙看戏。不过，因为有别的考虑，她最终还是未下回归决心。但是，“孟小冬过海看戏”成了一则流传甚广的佳话。

……

看了戏的，大呼过瘾，一而再再而三地重返剧院，并对亲朋绘声绘色地进行渲染。而无缘进场的人们，耳闻种种轶事、美谈，加之报纸整版整版地报道，早想一看究竟，无奈一票难求。考虑到市民需要，香港广播电台和“丽的呼声”电台两次转播演出实况，那些无缘进场的人终于可以一饱耳福。而这一听，戏迷们又助长了瘾头，索性上街购买刚刚灌制的唱片……

街头巷尾、酒楼饭馆、公共汽车、渡海轮船，都听得到关于这场演出的谈论；

香港南国粤剧团、中华出入口商会越剧团、汕头进出口商会潮剧团、福建同乡会闽剧团和中华总商会粤剧团等戏剧团体的演员，还特地到李炳淑和同伴的住所去访问，除了为学习身段和做功，也想一睹新中国京剧演员的芳泽；

原定打算演出三周，后来在观众的一再要求下，竟然延长到一个月。

香港当地的英文报纸，对于演出艺术给予了充分赞美。《德臣西报》1月15日发表了剧评家约翰·鲁夫对《杨门女将》的评论。他以一个外国人的眼光描述了观感："对这出戏的总评，一言以蔽之是优美极了。在一个写剧评的字典里，简直找不出足够的形容词来加以赞美。他们不仅是服装美，舞台布置瑰丽，角色安排得当，没有任何演员掩盖了其他的演员，至于布景的幽雅更不用提了，单看那一幅山景的绘画，悠然动人遐思，也可以见中国艺术感人之深了。但真正使作者感动的是这班青年演员上演一出古代剧，能演得这样地带有青春的朝气。"

而香港中文报刊更是不遗余力地发挥舆论作用。演出期间，每天都有二十多家报纸刊登评介演出的文章、消息和图片。最有影响力的戏剧评论家和作家纷纷撰文，文章总数超过了二百多篇。称李炳淑"好一个穆桂英"，并赞赏她是"国剧后起之秀"、"60年代涌现出来的杰出梅派青衣"……

香港京剧界、电影界和文化界人士激动了。

20世纪90年代，《杨门女将》"寿堂"演出后李炳淑为观众签名

“华南影帝”吴楚帆赞叹：“你们只二十一二岁，便有这样的成就，真是了不起。唯有我们这样的国家才会出现这样的奇迹！”

著名导演程步高直言：“青年演员们能有这样的成就，首先归功于国家的培养，百花齐放、推陈出新方针的正确。”

……

这次演出最重要的目的实现了。

这支队伍未辱使命。

同胞情深

在香港，剧团所受到的招待规格是极高的。

后台的大肚子水箱里，时刻有温水供应。李炳淑第一次喝水，觉得有些异样：水里竟然微微带着些苦味。她不由得皱了一下眉。

“这里面是什么？”她悄悄问一位服务人员。

“西洋参，可以消除疲劳、增强体能。”

李炳淑吃了一惊。只听说西洋参是极贵重的补品，从未见过，更别说品尝了。

“开头有点苦，但后味还好。”对方热情地补充。

她又端起水，抿了一小口，细细地品尝。果然，微苦过后是淡淡回甘。

接待方还配备了技艺精湛的医生，为李炳淑调养身体——1960年8月毕业后不久，李炳淑患上了肝炎。到了香港，她还未来得及细看中医的方子，接待的大姐已替她尽数记下。

她刚吃过早点，大姐就敲响了她的门：

“炳淑，该吃药了！”

李炳淑开门一看，她笑吟吟地端着玻璃杯，浓浓的中药味散发出来。“已经按药方煎好了，快喝吧。”

晚上睡觉前，照旧又送来热腾腾的一杯。一个月，日日如此。在港期间，虽然演出任务重、社会活动多，但因为按时服药，李炳淑的身体像一台加足油的马达，状态一流。

2007年10月在上海逸夫舞台演出《杨门女将》“寿堂”，李炳淑饰演穆桂英

除了医务人员的配备，接待方还专门为大家配备了一位美发师。这是位别具眼光的广东师傅，能根据每个人的头型脸型设计出自然而洋气的发型。当时，国内的烫发一般是电烫，发梢毛糙不说，发卷缕缕分明，造型张扬火爆，有股僵硬的匠气。而在比较前卫的香港，主要用药水冷烫，发丝如云，强调朦胧和罗曼蒂克的女性味道。李炳淑记得，当美发师用吹风机为她最后定型时，手法让她大为惊奇。

“师傅，怎么不往外吹，而是向里包啊？”

“这样才有蓬松的感觉，也会显得脸比较小。”

那时的香港，已经是小脸当道了。

在鬓角处，他还特意做出弧度，如同两个秀气的小钩，轻巧地托住脸颊。

“你看，脸型是不是好看多了？”

果然，从未有过的秀气婀娜，让李炳淑变了一个人。

李炳淑牢牢记住了这个造型，回到上海之后，她向发型师细致描述，无奈怎么做都无法达到同样的效果了。

越是难以复制，难以再现，就越是值得人想念和回味。

在记忆中，西洋参水、中药、发型……慢慢褪色，一张张热情和蔼的面容渐渐凸显出来。最让人动情的，是离港当日，那些赤诚热心的朋友们，跟了又跟，送了再送，直到边境线上，才含着热泪，依依作别。

他们也都是中国人，却有难以抛舍的家国之思。他们的梦境里，是否也响过上海黄浦江的一声接一声的汽笛、亮过广州白鹅潭一盏连一盏的彩灯？醒来后，还能再躺得下、睡得着吗？

香港，香港，充满了多少破碎的梦境！

一衣带水，却遥遥天涯。

花开复花落，春去又春来。冥冥中，似有一双看不见的手，安排了李炳淑和这位理发师20多年后奇迹般的再次相逢——1986年，李炳淑与丈夫李永德去英国讲学演出，回来时住在香港新华社。因为出外参加应酬要打理头发，工作人员推荐了七楼一位理发师。“他经验丰富，可以试试。”

1992年春节，李永德、李炳淑夫妇再次赴香港旅游

李炳淑一见面就有点

疑惑：这张脸好像哪里见过。

剪着剪着，李永德突然有所悟，他对妻子低声道："你看，他像不像当年来香港演出时……？"

一聊，果然！大家激动得热泪盈眶。

"李小姐，你……长大了！"他操着一口浓浓的广州话，充满感慨地说。

"都四十多了！"李炳淑摇着头。

吹风机，摩丝，梳子，巧手……一番打理，李炳淑终于找回了魂牵梦绕的"小钩子"发型，说来也怪，二十岁的发式放在四十岁人的身上，犹然顺眼舒服。他的手艺已入至境，可以随心所欲不逾矩了。

11年之后，香港终于回归祖国怀抱。

好朋友们，家国已团圆，来日且无恙？

家喻户晓"江水英"

——主演《龙江颂》始末

20世纪六七十年代的中国剧坛，出现了一桩文化史上少有的奇观：八个样板戏独步天下，风光无限，成为八亿国人的精神食粮。

再好吃的东西，吃多了吃久了都会生腻，更别说一吃就将近十年，而且顿顿如此。

人是奇怪的动物——既厌恶和排斥"大一统"的束缚感，又会在不经意间，留恋和追思那些熟悉的旋律。人生能有几个十年？毕竟，其中的一个，是和样板戏朝夕相处、长相厮守的，"我家的表叔数不清"、"浑身是胆雄赳赳"早就融入血液，再难忘记。弄不好，到了含饴弄孙的岁数，还会对着第三代吟唱几句。而那时，样板戏的政治色彩早被遗忘，沉重的历史也已成了过眼云烟。

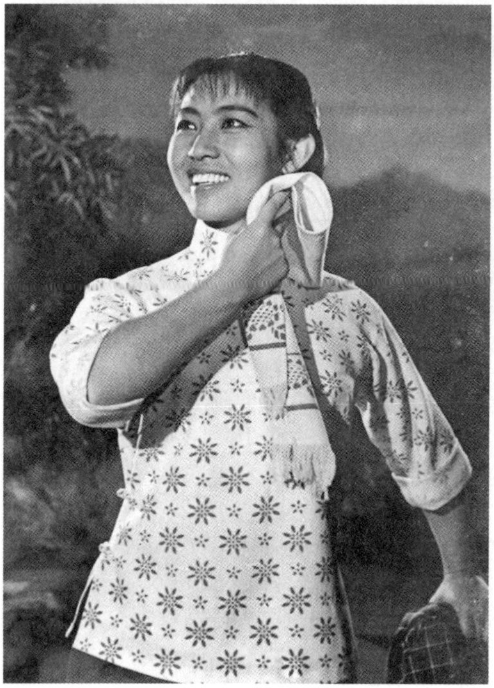

李炳淑演《龙江颂》里的江水英

但无论如何，那是一段特殊的岁月，围绕着"样板戏"的编演拍摄，主创人员们被推上了风口浪尖，"文革"以后，有的从云彩上坠下，堕入最阴暗浑浊的尘

李炳淑在京剧《龙江颂》里扮演江水英

埃，有的别家去国流离海外，有的一蹶不振就此沉沦……而李炳淑竟然能够在“江水英”的光环下，没有被扭曲变形、遭受重创，这不能不说是个奇迹。当然，她时常也会陷于蓦然回首、不知今夕何夕的境地。她不知道，那段日子究竟是一场真实的梦境，还是一段虚妄的现实。

龙卷风的中心，反而相对平静。

“这个角色，我没有底气”

《龙江颂》最初是一部根据报道改编而成的话剧。

1963年，闽南漳州遭遇了百年不遇的大旱。为了响应龙海县委封江堵河、拦水灌田的部署，龙海县榜山公社党委从全局出发，丢车保卒，宁肯使本县的2 000亩良田旱掉、1 000多亩良田淹没，保住了漳州平原的10万亩田地。当年，福建省话剧团创排了五场话剧《龙江颂》，剧中故事的地点被改成玉溪人民公社龙江大队。主人公是龙江大队支部书记郑强，他发扬共产主义风格，说服了大队长林立本，堵江淹田，救出了公社受旱的田地。这出话剧上演后，引起了强烈反响。短短40天时间里，为首都观众演出32场，观看人数近4万人。

1965年初，话剧《龙江颂》被上海市委宣传部“戏改领导小组”看中，决定将其改编为京剧，并由上海新华京剧团具体操作。当年夏秋之际，京剧《龙江颂》就被搬上了舞台，并得到观众认可。

关于《龙江颂》被江青看中的情况，传记作家袁成亮在《现代样板戏〈龙江颂〉诞生记》中作了介绍：

> 新华京剧团版《龙江颂》上演之时，正值江青大搞京剧改革。1966年5月，江青在张春桥陪同下观看此剧后，很是欣赏，便对张春桥说：“这个戏，我要了！”“新华京剧团今后不能与这个戏有任何关系！”江青此话一出，向来唯马首是瞻的张春桥便依言而行。《龙江颂》停演后，江青并没有急于上马，直到1969年4月8日，她才指令上海京剧团组建革命现代京剧《龙江颂》剧组，并投入排练。不久，

江青到上海"审看"了该剧的彩排，见剧中主人公是位强壮干练的男子汉，这位在文艺舞台上"重女轻男"的"革命文艺棋手"大发雷霆，当即指示剧组："剧本要重写，要把男支书换成女的；戏里要表现阶级斗争。"于是编创人员按照江青的指示对剧本进行了修改……

以上论述大体不谬，但时间上存在舛误——早在1969年4月以前，男支书就已经被"变"成了女性。而且这位被换下的男支书，饰演者正是李炳淑的丈夫李永德。

"文革"开始之后，由于江青、张春桥等将主要精力放置在对京剧《海瑞罢官》的批判上，《龙江颂》暂时被搁置一边。

在"文革"开始之后的1968年11至12月间，由上海青年京剧团、京剧院等单位的造反派集结，从各剧团抽来演员，一度进行过《龙江颂》修改，但因主创班子不团结、加上剧本不够成熟，排演三个月后草率解散。直到1969年4月，由上海市革委会领导徐景贤主抓的《龙江颂》剧组正式成立，并从此开始了长达四年的反复修改、排演过程。

4月8日一早，天空的薄雾还没有散去，大喇叭里已经响起了震耳欲聋的音乐。这一天，从上海青年京剧团、戏曲学校、京剧团、歌剧院、人艺、戏剧学院、音乐学院等19个单位抽来的140余人见证了《龙江颂》剧组宣告成立的一幕。主席台上坐着领导组成员：一位军宣队领导、两位工宣队领导、青年京剧团党支部书记陆汉文和"江水英"A角李丽芳。李丽芳本是宁夏京剧院的演员，1964年在京剧现代戏观摩演出中主演《杜鹃山》中的"贺湘"时被江青一眼看中，调入了上海京剧团。她身材高大，英姿飒爽，很有干部风范。此时，她主演的《海港》进入搁浅阶段，于是被抽入《龙江颂》剧组。不过，半个月后，《海港》再次启动新版本的修改，她又被安排继续演"方海珍"一角。这样一来，原本的B角张南云、C角李炳淑遂上升为A角和B角。

……

李炳淑在入组之前，也参加过其他现代戏的演出，《白毛女》、《飒爽英姿》、《南海长城》、《柜台》……都有她的身影，但传统戏是她"安身立命"

的所在。“文革”开始之后，她被要求将传统戏忘个干干净净，和帝王将相、才子佳人一刀两断。十几年浸淫在此，岂是说忘就能忘得了的？可当她一不小心露出一点青衣的范儿，立即会招来一声愤怒的训斥：“怎么，你还留恋和回味这些东西?!”她只好时时小心，处处留意，反复提醒自己要“脱胎换骨，重新做人”。

白天她听话驯服、夹着尾巴做人，但梦境却暴露了真实的情感。无数次，她梦到自己对着蒙上灰尘的戏装、破碎不堪的头面放声大哭，梦到跪在老师们的膝下、请他们原谅自己身不由己半途而废……有一次，她在梦中重捡《女起解》的唱腔，竟然大声放唱，直到从梦中唱醒。醒来，她紧张地捂住嘴，生怕这由心而发的旋律不小心被人听到，带来灾难。

这样的日子，开始觉得不堪过、过不了，日子长了，竟也慢慢习惯了。

后来，她被安排加入“战斗队”，每天学习毛主席著作，间或目睹了一幕幕轮番上演的人间闹剧。心疼，却一点办法也没有。

好姐妹华文漪被打成了“三名三高”（名导演、名编剧、名演员；高薪金、高稿酬、高奖金），脖子上被挂了牌子不说，还被造反派勒令“认罪”。

认什么罪？难道不该好好唱戏、不该力争上游、不该头角峥嵘？

李炳淑无法为姐妹辩护，却看得清清楚楚。批判者的老羞成怒、声嘶力竭只是趁机发泄内心的失衡和妒忌。越是下手狠、斗得惨，越是暴露出个人阴暗的复仇情绪。

可怜可怕的人性！

“三名三高”们被挨个排队，她也名列其中，或许也要被“改造”。

改造就改造吧，同道中人不在少数。

她不急不怕，家里的母亲和未来的婆婆却坐不住了：文革遥遥无期，戏也唱不成了，她和李永德年龄都已不小，不如赶紧结婚，怀里抱上个囡囡心里才踏实。再说了，不管到了什么时候，生育都是造物主交给女人的任务，迟早要完成的。

李炳淑左思右想，确实没有什么理由再等下去了，那就结婚吧。

1967年，他们办了喜事。第二年小毛头呱呱坠地，是个清秀的小女孩。

谁想到，讨喜可爱的小宝贝，自降生就是个不折不扣的夜哭郎。白天睡得香甜深沉、一声不吭，可晚上十点的钟声刚刚响过，她便准时“上班”，“咳、咳”两声之后，就开始一浪高过一浪地哭闹嚎啕，而且时间很长，不哭上两三个小时决不罢休。

此时，李永德演出任务很重，同时饰演交响音乐《沙家浜》的郭建光和交响音乐《智取威虎山》的杨子荣，回家好容易躺下，却被小毛头聒噪得难以入眠。一二来去，他发了急，抱起嗷嗷大哭的小家伙“理论”起来：“你再哭！……再哭！”孩子停顿两秒，哭得愈发撕心裂肺。

李炳淑想尽办法，白天刻意制造种种声响，全力惊扰她的好梦，可女儿如同吃进孙悟空放出的瞌睡虫，任母亲如何摆弄，只是自顾自地呼呼大睡。到了晚上，好似要充分动用白日积攒的元气一般，哭就是最好的运动，只见她手舞足蹈，像上足了发条，一声紧似一声。

劳碌了一整天的李炳淑，此时浑身像散了架，再也无力抱着女儿来来回回地踱步了。情急之中，她想出个办法：自己睡在躺椅上，将女儿放入摇篮之中、搁在脚尖处。孩子哭声一大，伸脚蹬上一蹬，小家伙感觉新奇，倒也能歇上一两分钟。片刻之后，又重新开始她激情万丈的“进行曲”，于是李炳淑再伸伸脚……晚上的几个小时，成了母女间耐力和斗志的一场竞技。

这样的日子，一直持续到孩子满两个月。从第三个月开始的那个晚上，啼哭声戛然而止，女儿终于能跟上父母的作息习惯，同睡同起了。李炳淑长吐一口气：安顿日子来了。

一月后，突然接到单位通知：参演钢琴伴唱《红灯记》。李炳淑只好请人看护小家伙，飞速上岗。

不久，《龙江颂》剧组领导陆汉文找到李炳淑，告知她成为《龙江颂》女一号“江水英”人选。李炳淑紧蹙眉头：“我一直唱青衣，可从来没演过干部。”

“现代戏你总归是演过的。”

“对这个角色，我没有底气。”她嗫嚅。

“没关系，”陆汉文早就有了准备，“我们要安排演员下生活的，和农民同吃同住同劳动。放心，你会有收获的。”

李炳淑迟疑地点了点头。

体验生活　笑料种种

前后五次，李炳淑和同事们深入市郊的嘉定葛龙大队、横沙岛和上海县体验生活，虽然体力付出巨大，但心境是开阔轻松的。

长期的舞台演出与农业生产隔阂不小，从插秧开始，就笑话不断。

农民们是穿着高帮雨鞋下地的，没有多余鞋子，李炳淑和同事们只好光脚进田。起初也有轻一脚重一脚的不适感，但很快就被软绵酥痒的触感逗弄得乐不可支。效仿农民的样子，插插秧似也容易，但距离感却很难掌握，插过几行起身一看，秧苗之间似乎老死不相往来，宏阔无比。这还在其次，要紧的是手上的劲头力度不到，一放水，秧子都轻飘飘离开了泥，横七竖八地浮到了水面上。满眼狼藉，惨不忍睹。

李炳淑怕虫子，泥里隐藏的蚂蟥成了她的心头大患。而心里越怕，仿佛越容易中招挂彩。她提心吊胆地往前挪着，三五步就要抬起腿看看。

《龙江颂》剧组下生活

一旦发现蚂蟥，她吓得魂飞魄散，下意识地就去拽。

“越拉越紧，拍拍就好了。”农民提醒。

噼里啪啦地猛拍一阵，蚂蟥掉了，腿也赤红赤红。

等到被安排去锄草，才终于告别这危机四伏的水田。

锄草的活儿看起来轻松——只要把套种着棉花苗的高粱地中的杂草锄掉即可。农民示范得极漂亮，手捏小铲，如凤凰点头一般，嚓、嚓、嚓，野草随手跃出，潇洒极了。可换了主人公，情形就发生了根本性的变化，只听得懊悔的叹息声、惊叫声四起。原来，大家经验不足，错把嫩绿的小棉苗当成了杂草，一铲子下去，该锄的不该锄的都没了性命。这怎么给农民交代？

要补钱，人家执意不要，反而为他们说好话：“头一次干成这样，不错了……”

大家脸红，更有点心悸——密不透风的高粱地里热得火烧火燎，闷得如同澡堂。农民是怎么几个小时头也不抬地锄草的？难道头不晕、胸不闷、手不乏……又联想到水田里那一条条沾满了泥巴的腿，永也挺不直的腰，被烈日暴晒、风雨吹打而布满了沧桑的脸，和那藏在内里的热忱质朴、诚恳真挚的性格，《龙江颂》要是改不出，演不好，首先对不住的就是那些伟大的中国农民！

有了精神力量，自然干劲加倍。

到秋冬季节挑塘泥时，连农民也为剧组的卖力投入感动了。演员们要把冻得硬梆梆的河泥铲出来扛到海塘筑堤坝。一锨河泥就有三四十斤重，前后两个筐子各装一锨，足有七八十斤。劲头大的，已经压得如同弯身龙虾，劲头小的，两人共抬一块方能迈步。海风无遮无拦，潮冷刺骨，大家却浑身大汗，男同志掀开帽子，竟然热气氤氲。

这种热火朝天的劳动氛围，使原先的娇、嗔、嗲、弱荡然无存，说不上脱胎换骨，至少也焕然一新。李炳淑感觉，自己慢慢找到了感觉，多了份淳朴憨厚，粗粝开朗……这几趟，果真不虚此行。

《龙江颂》就是要写农民、演农民、给农民看。

当毛主席在1972年接见李炳淑时，感谢她和剧组“为五亿农民演了一出好戏”，“今后贫下中农有自己的戏可以看了。”在《龙江颂》被拍摄为电影之后，据说主席还特意强调：“多做拷贝，多给农民放放，票价低些，不要超过1角钱……”

剧组和农民的感情早已深深建立起来了。

为《龙江颂》牺牲了腹中孩子

回到上海之后，等待李炳淑的，是紧锣密鼓的排练。

这是一场接力赛，是上海各团乃至北京的艺术家们前仆后继、通力合作的长征。四年时间中，《龙江颂》前后一共修改了7稿。参与编剧工作的先后有工人诗人李根宝和农民诗人戚永芳、戏校的赵兴国、上海京剧院的刘梦德、中央戏剧学院的王树元、上海人艺的俞雍德、上海淮剧团的李晓民等；音乐设计人员有上海音乐学院的周仲康、胡登跳和谭密子，上海人艺的沈利群、上海儿艺的张鸿翔、上海京剧院的龚国泰；导演则有上海歌剧院的李仲林、上海京剧院的孔小石和蔺德海等；女一号在李丽芳去《海港》之后，相继有张南云、李炳淑、李元华、陆义萍。

前面提到，在“文革”爆发前，江青就已经看中《龙江颂》，并把其归入“样板戏”的试验田之中。关于她插手上海戏剧工作的起始，上海市文化局党委书记李太成曾撰文《在江青插手的时候》回忆：

> 大约是从1962年开始，江青来上海较多了。她说来上海是养病的，看病主要是为了锻炼眼睛增强视力。鉴于她和毛主席的关系，上海市委和很多领导干部对她都很尊重……江青看了戏，我们听到她对戏的议论并不多，有时从黄赤波（市委常委、市公安局长）那儿听到一点，我们都是很重视的。黄赤波也向我们交代说：“你们对客人（本书作者注：为安全和保密起见，上海市委规定对江青不得指名道姓，只能称之为“客人”，此规定一直执行到“文革”前夕）的意见要非常尊重，她的意见，有时不光是她个人的。”这实际暗示有的意见也可能与毛主席有关。以后有机会和江青直接接触时，她在谈话时，

《龙江颂》剧组下生活

不时流露出她是"毛主席身边的人",以炫耀她的身份;"在文化部当过电影专员",文艺上她是内行,"是毛主席在文艺战线上的哨兵",不言而喻,她在上海看戏,也是给毛主席当文艺战线上的哨兵了。实际是包装自己吓唬别人。

(上海市文化局史志办公室:《掠夺与迫害》)

"文革"开始后,"吓唬"不需要了,她已真正登上了中国的政治舞台,并成为"样板戏"的直接推手。对于第一批八个样板戏推起的壮阔波澜,她很满意,并在1970年开始了第二波样板戏的排演工作——《龙江颂》首当其冲,被称为"龙老九";《杜鹃山》紧随其后,成为"杜老十"。而"老十"之后,也许是因为"三突出"的创作手法已难再翻新花样,也许是因为长年的高压作业使得主创人员筋疲力尽,总之质量已不可与前面的十部作品同日而语了。

据说,《龙江颂》修改期间,江青曾经不止一次地看过演出,但演员包括主创人员在内都未曾见过她。戴嘉枋在《样板戏的风风雨雨》中写道:

她总是在戏开演后进场，……戏未散场，就悄然离座而去，只留于会泳等传达她的“修改指示”。

如此密不透风，严加防范，什么原因呢？笔者臆测，大概是因为差一点“夭折”的《海港》成为前车之鉴，使得江青更为谨慎小心。她对《龙江颂》保持着一定程度的关注，又做好了随时丢车保卒的准备。同时，为了避免剧组人心惶惶，生出不必要的风波和矛盾，她尽量避人耳目，不动声色地隔山打虎，远程控制。

……

排练、修改正如火如荼进行得热闹，李炳淑却觉出身体有点异样。肚子里仿佛突然长出一条嗜油的馋虫，一闻到生煎包、油饼的味道，就控制不住地往上凑。可刚刚吃得腹圆肚满，转身又想念起亮锃锃的红烧肉。怎么回事，难不成得了什么怪病？还没来得及去问医生，婆婆一看她的模样，当下就明白了八九分。

“怕是有喜了！”

李炳淑呆住了，她不知道，此时怀孕到底该喜该忧。

“看这次的反应，一定是个男孩！”婆婆喜眉笑眼地说。

被婆婆的喜悦所感染，李炳淑心动了。女孩子乖巧，男孩子活泼，各有各的疼人之处。而且，如果再添上一个孩子，儿女双全，家里的笑声会更多了。再说此时她只是B角，不一定就有正式登台的机会，如果演出任务不重，完全可以生下这个孩子。

可是，当她把此事汇报给工宣队、军宣队的领导时，才发现自己想得太天真了。

“孩子千万不能要！ B角也要冲在一线，《龙江颂》能不能挤进‘样板戏’就看这段关键时期了。一切都要服从大局！”

为了杜绝“后路”，领导又加上一句：“我们会亲自给你的家属做工作的。”

此后的一周多时间，家里成了接待站，供领导们轮番上门“轰炸”。任是再想抱孙子的公婆、再喜欢男孩的丈夫，都在暴风雨般强烈的攻势

《龙江颂》电影剧照

中败下阵来。最后，家属们只好惨凄凄表态：服从组织纪律，不要这个孩子。

腹中的小宝贝还不到三个月，就被宣判为“不准出生的人”。李炳淑含着眼泪去医院做了流产手术。

心里的伤口，到今天还隐隐作痛。孩子，原谅妈妈吧。她连自己的命运都控制不了，又怎么能保护得了你呢？

B角成了A角

A角张南云是著名演员童祥苓的夫人，同为上海京剧院的主要演员。她大李炳淑6岁，身材更高挑一些。可惜长着一张与“党支部书记”不相合的娃娃脸，加之在传统戏中熏陶较久，身段上留有一些“才子佳人”的痕迹。相比之下，李炳淑的扮相接近人物，嗓子也宽，受传统影响较少。

因此，在1970年夏秋交际之时，包括导演、编剧、伴奏、音乐、舞美在内的六个班组向陆汉文提出：是否能让B角李炳淑登台演出一次。

陆汉文把意见反映给了主抓领导、上海市革委会副主任徐景贤，没想到立即得到相应："我也有这个想法。国务院文化组马上要来看戏，可以让李炳淑演一演。"他又像想起什么似地关照："张南云同志在边上一起看吧。"

这个国务院文化组很有些来历，它名为"组"，实际相当于部级。"文革"刚开始，中宣部、文化部就被"砸烂"，缺少一个全国性的文化管理机构。在江青直接安排下，"国务院文化组"应运而生，于会泳、钱浩梁、刘庆棠等尽数包括在内。国务院文化组来看戏，对于《龙江颂》来说，是一件决定前途命运的大事。

"李炳淑，'上面'有领导来看戏，这次你上。"她得到消息时，已经离演出没几天了。

事出突然，全无准备。她心里打起小鼓，鼻尖沁出一层细汗。以前虽也排练过几场，到底太少，而且几乎没有从头到尾完整演出过，台词和唱腔不免生疏。如果在台上出了什么差错，丢人事小，万一担上"破坏样板戏"的罪名，那真是跳进黄河也洗不清了！

她慌慌张张翻开剧本，强摁下怦怦乱跳的心，开始小声背诵起来，一遍，两遍，三遍……重复成了本能，但老天不予人方便，戏词唱腔明明从唇间流过，却如湍急的河流般哗哗啦转眼即逝，脑海中什么也留不下。她心急如焚：这一次真是要命了。

演出前一晚，她一夜未眠。

《龙江颂》剧照

第二天，好似一片轻飘飘的云彩，她晕晕乎乎地上了台。台下到底是何方神圣，她无心再管，只有一个目标：谨小慎微，千万准确。

也许是连续几日的辛苦起了化学反应，也许是天地有情福至心灵，此时，剧本和曲谱似乎就放在她眼前，一切流畅得不能再流畅。而几日里的焦虑委屈，又巧妙地在“江水英”被误会时化作了强忍而未能忍住、最终潸然流下的泪水。她亲切、朴素、大方的气质，全情投入的表演，让台下人暗暗吃惊——难得她把人物挖掘得如此深入，呈现得如此丰满。女一号，天造地设就是她！

当特殊的观众们为“江水英”终于寻找到了合适的人选而兴奋时，意外发生了——第八场“闸上风云”刚开始，李炳淑从闸口走下，还没到舞台中央就晕倒了。

怎么回事？“国务院领导组”的成员们和徐景贤伸长了脖子。

被一左一右扶着，约莫一分钟后，李炳淑睁开了眼睛。

“怎么了？干嘛扶着我？”她一脸茫然，全然搞不清情况。身体也并无什么不适，她向乐队示意：继续演出。

……

下场后，经随团医生检查，她因为没有休息好，又过于紧张，血压高

“江水英”的泪水有力量

张南云

得吓人。

虽有小小遗憾，但瑕不掩瑜，观众整体印象良好。

很快，她被通知：今后，你就是A角了。

“不好吧？南云老师演了那么久，怎么给她交待？”她一直喊她“老师”，两人私交不错。

“这个嘛，我们去做工作。”

此时张南云被查出有病，遂入中国福利会国际和平妇幼保健院住院治疗。后来，她被调入张美娟负责的“五七京训班”一边教书一边养病，生活倒也平静安适。

从此，李炳淑正式开始了A角生涯。在“三突出”创作原则的指导下，女一号所有的唱腔音调被设置得极高，而且场场都有她的戏。身体差强人意的她不得不在幕间频频注射葡萄糖来增强体力，那些日子，满胳膊都是密密麻麻的针眼儿。

未来能走多远，一半烟遮，一半云埋。

修改《龙江颂》

1971年7月起，《龙江颂》被江青郑重移交到于会泳手中，由他进一步修改提高。

在“文革”中犯了严重政治错误的于会泳，原本是一个能作曲的音乐教师，因为被“第一夫人”江青青睐和提携，他受宠若惊，恨不能倾其所能来回报。而《龙江颂》自从到了他的手里，确乎一点点绽发出新的光彩。他既能够敏锐地发现戏中的缺憾和不足，又能通过稍稍修改使作品质量提高。

于会泳拿出自己在音乐学院积累的“家当”，尝试在整体音乐布局上向歌剧化发展，决意为江水英设计一套主题音调。他找来音乐组成员、时任上海音乐学院民乐系主任的胡登跳，让他限时拿出初稿来。胡登跳也是行家里手，他敏锐地发现第三场中一段以“3”音为主的“劳动号子”音调颇为可听，打算就拿它做文章。几天后，胡登跳交出了曲谱。

于会泳沉吟半晌，提笔勾勾画画，修修补补，不多时，他兴冲冲拿给胡登跳："你看，这样好不好？"

胡登跳一看，于会泳只是在局部做了一点润色，加强了起伏，变换了节奏，但音乐的整体面貌一下子生动了起来。

以此为主调，于会泳又在多处搞了几种变调。

修改后的《龙江颂》音乐乍听起来，旋律上并无夺人耳目的新奇感，但人物唱腔和伴奏间微妙的变奏，彼此联系，相互叠印，特别是在矛盾冲突时、在内心世界的呈现时，发挥了重要的烘托作用。整套音乐严丝合缝、浑然天成。

于会泳对于演员的发声技巧也很有研究。他曾提醒饰演民兵的净角演员张达发："你的发音条件极好，可惜没有经过修饰，唱久了会累。"张达发暗暗吃惊，不止一人说过自己的嗓子有天赋，可从未有人提过不足，而且这不足说得正在点子上——只要唱段一长，他总会有不胜重负之感，嗓子容易嘶哑。

于会泳教他："你试试用丹田用力。"

丹田在哪里？张达发懵了。

"找到大便时的感觉，就对了。"于会泳实话实说。

从此，张达发开了窍，进步很大。

李炳淑的嗓子很有特点，行话叫"刚里带水"。意思是既有强有力的胸腔共鸣，又有柔美婉转的行腔韵味。结合她的长处，于会泳带领音乐组为她量身订做了《手捧宝书满心暖》、《为人类求解放》、《让革命的红旗插遍四方》等核心唱段，采用真假嗓结合的演唱方法，时而刚健提拔、豪放壮阔，时而深沉细致、朴素亲切，既没有依循什么传统流派，还融入了许多曲艺和民歌的曲调因素，却又是地地道道的京剧韵味，很有新意。写好曲谱之后，于会泳又为李炳淑说明演唱诀窍，并亲自教唱，等李炳淑能够自己放唱之后，再为她在细节上润色、修改、反复打磨，以求既能出新出奇，又最大限度地发扬京剧声腔刻画人物的优势。

这样，《龙江颂》的面貌一下子超过了《海港》。

在"文革"时，戏校造反派批判陆汉文、吕君樵和周玑璋时，曾愤怒道:“为什么我们排不出样板戏?就是没把于会泳拉过来!”

于会泳对工作很投入。据说他因为没日没夜的工作,曾经晕倒在宾馆的走廊里。他有胃病,兜里总带着一块馒头,不舒服了就咬几口。但也因此他不知饥饿,错过了吃饭时间。一个多月里,他安排剧组每天上午碰头,忙到第二天凌晨两三点钟才休息,几乎是连轴转。为了节约时间,包括李炳淑在内的不少主创人员,晚上干脆就在后台铺席睡觉了。

……

1977年8月28日晚,于会泳喝下150毫升来苏水,痛苦地结束了生命。

江 青 审 戏

经周恩来、江青批示同意,1971年9月23、24日《海港》、《龙江颂》剧组先后到达北京。李炳淑和同志们住进了北京地安门市革委会第一招待所,静候首长审查演出。

此时,“9·13”林彪叛逃事件发生不久,中央领导们忙于处理善后事宜,注意力还未来得及放在样板戏上。借着空隙,于会泳又请来北京人艺著名话剧演员朱琳和中国京剧院老旦演员高玉倩,对主要演员的吐字归音进行指导。

《龙江颂》舞台照

直到11月份,才得到通知:江青要来审查了。

整个剧组深深捏了一把汗。听说江青脾气怪异,反复无常,极爱提意见不说,很多意见朝令夕改,让人无所适从。第一拨的八个样板没少受她的折腾,主创人员和演员们苦不堪言。

碰上她,《龙江颂》不掉块肉,也要脱层皮了!

演出完毕,噤若寒蝉的剧组人员足足在会议室等了一刻钟,才看到两个警卫员护送着她到了门口。只见她梳着大背头,披着一件军大衣。

进了门,她极有派头地抖了抖肩,警卫员赶紧上前帮她脱下了大衣。

"炳淑,来,坐在我身边。"江青语气颇为和善。李炳淑有点意外,忐忑地挨着椅子边儿坐下了。

江青环视一周,陡然好像发现了什么,神情峻厉:"这两个军人是哪来的?给我自报家门!"

剧组的两位军代表飞快起立,不安地汇报了自己的身份。一个是安徽来的师长,另一个是上海警备区的政治部主任。两人尴尬地站着,掩不住眼里的慌张窘迫。

纵然是"大员",在第一夫人眼中,也像是自家孩子一样可以随意训斥。而其他在场者坐如针毡,莫不有陪训之感。到底她是真的对军人敏感,还是要杀鸡给猴看,谁也讲不清楚。

直到谈及对《龙江颂》的意见,大家才把悬在嗓子眼的心稍稍放了下来。

"江水英的服装有问题,腰身要再细一点,衣服要短一点。还有围巾的颜色,现在的黄色和衣服不合适。最好做两条,红底白花和白底红花的。"这意见实在不算苛刻。她又转头对着李炳淑,谈到了演唱问题:"有一个腔,我是想给你鼓掌的,但孤掌难鸣……你懂我的意思吗?"

李炳淑赶紧起身:"对不起首长,没能达到您期望的效果。我再努力提高。"

"还是要好好练嗓子!我小时候练功,都是到城墙外的河边喊嗓,你可以借鉴的。"

这句"内行"的话很让人有点匪夷所思——当了主席夫人的江青极介意自己新中国成立前涉足文艺界的一段历史,不少知情人因此在"文革"中饱受折磨;而上海图书馆的藏书楼甚至因为藏有当年的演出资料遭到查封。此时她一反常态落落大方,不能不让人疑惑了。

不过,她在服装上的建议是有道理的。江水英一下子苗条了,挺拔了。特别是两条显眼的绣花围巾,和服装搭配得既相得益彰,又和谐自然。电影里，戴着围巾的江水英一出场，立即会吸引观众、特别是女观众的眼光。心思细腻的，会悄悄记住图样，回去依葫芦画瓢地绣到自己的围巾上去。

江青的艺术感觉并不像很多人评价得那么不堪——对于戏校的女孩子们来说，这的确是一位时髦多才的“第一夫人”，比如，她爱好摄影，而且拍得不错。她曾经将昆大班气质最好、有“小言慧珠”之称的张洵澎接去锦江饭店，为她作摄影模特儿。照片出来惊动了所有观者，为张洵澎夺人魂魄的美，也为江青大胆的角度和手法。

……

也许是因为《龙江颂》已被毛主席肯定，江青不好再吹毛求疵；也许是确实再挑不出太多毛病。此次审查异常顺利，一次性通过。

剧组大伙儿开心了，没想到“鬼门关”过得这么顺！

1972年3月的《解放军报》、《人民日报》和《红旗》发表了《龙江颂》演出本，这实际上宣告了一个事实：《龙江颂》已经跻身于“样板戏”行列了。

拍 摄 电 影

1971年底，《龙江颂》电影的拍摄工作正式开始。

主创阵容皆为北影厂里最拔尖的专家们：导演谢铁骊，摄影师钱江，化妆师王希钟——80年代《西游记》里成千上万个独特而富有想象力的造型，都来自他巧夺天工之手。试镜时，他用一双锐利的眼睛反复审视李炳淑的脸庞后，吐出一句让人放心的话：“你的脸型很好，五官也不错，没什么问题，不用特殊处理了！”这位魔术师一样的高手，常常要想办法为演员垫鼻梁、做眉毛和刘海、吊眼角……“这一次，我派不上大用场了。”他轻松地拍拍桌上的化妆箱。

“用大平光就行！”钱江话不多，不到关键时不发言。

谢铁骊操着他的江阴话打趣：“大平光，亮堂堂……”

在亮堂堂的大平光里，为了让李炳淑的眼神更加清亮澄澈，凡是近

《龙江颂》电影剧照

景，总会有一位灯光人员举着盏明晃晃的眼神灯，李炳淑走到哪里，他就弯腰跟到哪里。戏一长，李炳淑就会为他担心：这位师傅要受罪了。可是，几乎看不到他活动腰肢和手腕。

这就是百炼成钢吧。

摄制过程中，江青极重视舞台美术的精致讲究。拍片前她专门组织摄制组组集体观摩墨西哥电影《冷酷的心》，为的是将乡村的田园风光表现得鲜艳透亮，更富美感。而别具眼光的摄制人员们活学活用，一点就透。他们大胆动手，采用丰富的色彩照明，增强了景物的立体感和纵深感，同样是绿色，青山、绿水、碧树、稻田相异，就是同一块草地，也因为远近不同而呈现出丰富的层次性。夜景也一改原先“一抹黑”的情况，换之以朦胧动人的月夜来表现。道具上采取虚实结合的手法，以真的水、风、烟置景，又辅以叠印技术处理，营造出一种羚羊挂角、无迹可求的艺术美感。据说，在第五场戏“抢险合龙”中，为了表现江水汹涌、风高浪急的特点，导演曾考虑用鼓风机吹风，但实践中难以适用——李炳淑一张嘴，满口是风无法开唱。谢铁骊灵机一动，将唱段放在两头，间隙吹

风，这个完美的处理让江青在审片时也赞不绝口。（袁成亮：《现代样板戏〈龙江颂〉诞生记》）

《龙江颂》使用的进口彩色胶卷价格极贵，据说一米在一美元左右。既要保证电影质量，又要避免浪费。而在实际过程中，总会有点意外插曲。一次，谢铁骊在审片时，突然发现舞台中心的李炳淑在投入放唱时，群众演员中竟有一位跟着她又做又唱，这什么意思？是灵魂出窍还是学艺心切？……不管是什么原因，结果都是胶卷报废。谢铁骊大怒："搞什么搞！重来！"……

1971年5月23日，《龙江颂》正式公映。

袁成亮在《现代样板戏〈龙江颂〉诞生记》中透露，公映之前，周总理就观看了电影。还没等看完，一向温厚有风度的他憋不住了："怎么影片上没有导演的名字？"

一边的国务院文化组成员、军代表狄福才回答："江青同志不同意突出个人，叫写'集体创作'。"

"集体创作？"周恩来显然不认同，"大家看了电影，连是谁拍的都不知道，这不是笑话吗？"

狄福才连忙解释："总理，这是江青同志规定的，从《智取威虎山》开始就是如此。"

周总理说："从外国电影到中国电影，都有创作人员的名字，怎么就样板戏的电影不写名字？写名字就是突出个人了？写上名字才能有负责精神！不写名字说不通的嘛……"

在周总理的坚持下，导演等人的名字终于"复活"。

拍摄期间，一次，不知是谁开口说了一句："李炳淑，你从某个角度来看，很像谢芳啊。"谢芳是60年代一位家喻户晓女演员，曾主演《青春之歌》、《早春二月》、《舞台姐妹》，虽扮演的都是革命英雄人物，但总流露出浓浓的书卷气和小资情调。无数的年轻人曾奉她为偶像。

"我哪里有她好看！"李炳淑不承认。

但是，慢慢地，大家都发现了这一点，时不时会有人跟她说："你有点像谢芳，真的！"

谢芳剧照

谁也想不到，这句话一直传到了80年代，而且还传到了谢芳耳朵里。

80年代初，在一次接待外宾的文艺活动中，谢芳和李炳淑同台演出。演毕，谢芳大大方方地主动来问："请问哪一位是李炳淑同志？"

"我就是……"李炳淑上前握手。

"他们都说《龙江颂》的'江水英'像我，我今天要会会。"

四目相对，"大谢芳"在对方的脸上努力地寻找着自己，"小谢芳"有点不自然，虽然是老天爷给的原装正品，她却感觉好似影响了别人的"版权"。没办法，脸皮薄。

还是谢芳先笑了："果然像。"

此明星像彼明星，历来不稀罕，甚而有年轻人想要整容来变成明星脸。小小的一张脸，就是财富，就是资源。比起小辈们，李炳淑真的"老土"了。

气氛森严的样板团

样板团是带着光环的。

不只是因为穿得好，最时髦的的确良军装一年发一套，穿也穿不烂；也不只是因为吃得好，一个月光伙食补贴就有45元，大大超过了普通百姓的生活水准；更不只是因为出门体面，大客车接送不说，到了后期接待水平已经不逊于对中央政治局委员。无人敢怠慢他们，怠慢了他们，就是怠慢了样板戏、中央指示以至伟大领袖，总之，他们已是艺术圈显赫的无冕之王。他们到各省进行样板戏“普及”时的姿态，可用那首“大跃进”时期的诗歌来形容：“我就是玉皇，我就是龙王，喝令三山五岳开道，我来了！”

这样的派头和威风，让无数普通剧团的演员们艳羡。此时，戏曲演员有被下放到“五七干校”去干农活的，有走投无路另择他业的，能入样板团，保全身家不说，本身就是极大的荣誉。但这荣誉之下，却藏着一层坚硬冰冷的玻璃天花板，藏着常人感受不到的政治高压。

一天，已成为《龙江颂》剧组党支部书记的陆汉文被一个电话传到了于会泳的办公室。

“陆汉文，你这个书记怎么当的？”于会泳劈头就训。

怎么了？陆汉文不明所以。

“外面到处在传，说什么江青同志要‘做皇上’、‘当武则天’……”

这时的江青虽然只是政治局委员，但她威风十足，她甚至在“九大”前就声言自己“有掌握国家全盘领导的能力，就是许多人不了解我”。可是，想掌权的话只能她说，别人却是无权议论的。

“你有没有听剧组有人散布流言、诬蔑领袖？”于会泳追问。

“没听过。”陆汉文老实答。

“我告诉你，这是攻击无产阶级司令部！”

陆汉文沉默。

“真没听过？”于会泳不甘心。

“真的没有。”

“你……你到底能不能做好思想教育？做不好就别当了！”

于会泳大概是听到了什么说法，但又从陆汉文这里得不到证实，只好把火气撒在陆汉文身上。

其实，处在高压之下的样板团，人人恨不能戴上口罩耳塞，胆大的也不敢议论政治，别说散布流言了。据说曾经有一位心血来潮，对着另一位说了句“知道吗？林彪叛逃被摔死了。”对方吓得面无人色不说，当时就尿了裤子，并喃喃重复："我什么都没听到，什么都没听到……"常年不堪重负的政治高压，早摧垮了人们最后一丝脆弱的神经。

在如此特殊、恨不能完全真空的环境里，一个小小的火星，可能都会燃起一场熊熊大火。因此，剧组领导整日严阵以待，如履薄冰。

可惜，还是出了点事情——两个青年演员因为一点小事吵架，最终发展为一次打架事件。此时正值文化部调演，剧组下榻的友谊宾馆住着来自全国的好多家剧团。于是，"《龙江颂》剧组打架了"被传得沸沸扬扬，成了人尽皆知的事件。

于会泳怒不可遏："这下子全国都知道了！丢人丢大了！"

陆汉文又因为"没有抓好思想作风"被狠狠批评了一顿。

"演样板戏，做样板人"，这是样板团的行动准绳。但真要让生活中的人像"样板戏"一样，那几乎不可能——有人说，"样板戏"中没有人，有的是一群只讲政治的神。此语虽然有失偏激，却也有几分道理。

是也罢，非也罢，知荣知辱牢缄口，谁是谁非暗点头。

声名鹊起　甘苦自知

影片从公映那一天起，江水英就成了大众瞩目的偶像。全国2 000多个县，每个县都有一个拷贝，8亿观众尽情尽兴地走进了影院。

在那个天地都是灰蒙蒙的时代，这位党支部书记的红格子、白底红花的掐腰短衫，如同一朵鲜艳的太阳花，逗引着你的目光不能不被吸引和流连。她那双清澈灵动的眸子，好似一汪秋水，波光潋滟，让人沉醉。而她充满农村生活气息的朴实、憨厚和富有东方女性特质的宽容温和之美，一次次地叩响人们的心扉。这种美感，与《红灯记》铁梅的娇憨、《杜鹃山》柯湘的飒爽、《沙家浜》阿庆嫂的老辣、《海港》方海珍的豪迈绝不雷同，如同带着晕圈的月亮，皎洁柔和，不事张扬。依照样板戏的惯例，她似乎是个没有丈夫的孤家寡人，但第一场江水英的门上挂着的"光荣人家"的红匾，足够给人以丰富的遐想——她在家中一定是位贤妻良母。

这种感觉，既是江水英的，也是李炳淑的。或者说，是李炳淑用自己端庄柔美的气质诠释和解读了这个角色。使这个女支书少了一份让人厌倦的颐指气使的干部作风，多了一点清新质朴、易于接近的家常气息。这在样板戏强力塑造英雄人物的氛围下，是不容易的。

如雪花般铺天盖地的观众来信证明了这一点。每天都有成百封信件被送至样板团办公室分类——亲朋好友的，直接予以李炳淑本人；剩下的绝大部分的戏迷来信，则根据性质再进行分理。最后交付到她手中的，就有几麻袋之多。

《龙江颂》电影剧照

这些信，为李炳淑打开了一个多情的世界。

有戏理戏情。说她的唱腔如何动人，唱功如何过人，表演如何感人，“江水英”必将成为经典，成为舞台传奇，成为最值得珍藏的艺术记忆……

有期待之情，说第一次看到她的演出就被牢牢吸引，不能自拔，欣喜看到了一颗冉冉上升的新星，渴望她有更多的舞台形象被戏迷认知……

有钦佩之情，说自己和她一样年龄，却碌碌无为甚至自甘沉沦。而她已经在工作岗位上做出了出色的成绩，完美演绎了人物，给自己树立了一个良好的榜样……

有感激之情，说她的演出增强了生活的勇气，寻找到了信心，从消沉中振作起精神，终于可以走出人生的阴霾，投入到新的革命工作中去……

有思慕之情。说她充满了革命热情，好似一把焰火，照亮了前进方向，愿携手比肩，与她一起保卫毛主席……

《龙江颂》舞台照

有的信如同一双鼓槌，擂得她满心是劲，每个毛孔都能冒出蒸汽来；有的信如同一杯酽茶，味道浓烈，亦有清香悠长的回味；有的轻松活泼，有的严肃铿锵，有的如春风化雨，也有的让人啼笑皆非……但无疑，观众们都是诚挚热情、真实可爱的——单单这一点，足以让李炳淑动容。有时，她也会生出一点不自信：自己只是一个平凡普通的戏曲演员，哪能担当得了那么多期许厚望，承载得了那么多厚意浓情？她的光彩有如月亮，只是折射了江水英这个“太阳”的光芒而已，不，不止如此，月亮只是“借光”，她却还借了热量。亲爱的观众，你们真的是厚爱错爱了！

在她说明了自己的想法之后，得到的是更加不遗余力的赞赏。她只好什么也不说，只是老老实实、全力以赴地演戏——这是一个演员回报观众的最好方式。

不过，“鹦鹉杯从来有味，凤凰池再也休提，荣与辱辗转不相离”，不和谐的音符来了。

那是1972年的一个深夜，她在徐汇剧场演出完毕，摸黑回家。走到一条小巷时，有人远远冲她吹起了口哨。

在思想政治领域极其严肃正统的70年代，吹口哨绝对不是轻松的自娱，而是极其轻佻放浪、甚至接近“流氓”的行为了。

李炳淑不敢回头，咬紧牙关，脚下生风，恨不能飞出巷口。

谁知，吹口哨的不是一个，只见两三个青年骑着自行车，竟然赶上来了。

“你们……要干什么？”李炳淑又羞又怕。

“这么晚了，还赶路呀？”一个家伙嬉皮笑脸地问。

李炳淑赶紧往后靠。

一束明晃晃的手电筒打在她脸上。

“哎呀，这不是江水英吗？”一个眼尖的家伙吃惊地喊。

小青年们一时愣住了。

“江同志，”一个胆大的阴阳怪气地说，“这么晚了，还要进行革命工作啊？”

“跟我们也做做工作吧……”有人起哄了，开始往上靠。

“来人啊——”李炳淑忍不住大喊。

此时恰好有人路过，闻声跑了过来。小青年们见势不妙，一哄而散了。

李炳淑噙着委屈的泪花继续往回走，这时节，丈夫李永德正在北京演出，纵然对她有一百个不放心，也鞭长莫及。没有爱人的支撑和保护，真难呐。

第二天，李炳淑心有余悸地将此事汇报给领导。领导们认为此事性质严重，需想办法杜绝。经过开会研究，通过了决议——从此之后，剧组同仁轮流送她回家，直到李永德返沪。

此后，李炳淑被装进了“保险箱”，成了全剧组的重点保护对象。

“我不是江青培养的！”

“文革”结束，《龙江颂》剧组成为上海京剧院三团，李炳淑也成了三团的一名演员。这时，她的命运起了重大变化。

剧团一开会，她、童祥苓、李丽芳三位样板戏主角就成了被批判的对象。

开会前，领导特意跟她提示："小组会上，你要主动些，带头批判自己……"

"批判什么？"李炳淑一脸疑惑。

"你是江青培养的……"领导明显有点恼火了。

"不！"李炳淑声音不大，字字如板上钉钉，"我是解放17年党一手培养的，让我演《龙江颂》，完全是组织的安排。"

毫不驯服的态度得罪了领导。她被"靠边"了。任是大戏小戏，就是没有李炳淑的份儿。她一下子从主要演员成了无所事事的散兵游勇，连当龙套的资格也没有了。

放在别人身上，会急、会闹、会上下打点争取机会，但李炳淑是个倔脾气。大不了不唱戏。她做好了充分的心理准备。

一个人对着蓝天白云，对着莺飞草长、蝶戏雀闹，蓦地会生出几分感慨。大自然没有懒汉，造物主鄙斥吃白饭的人。自己这样耗着、闲着，还要每个月拿65.5元工资，往大处讲对不起国家，往小里讲对不起自己吃了几十年的这碗戏饭。再说，领导不让自己演戏，却没说不准自己私下里吊嗓、练功，多年来没机会重温的传统戏，这时不正好可以捡起来重新学习？那些让从小就痴迷的唱腔、板式、身段、做派可以再次全身心投入学起来，"文革"十年频频惊醒的噩梦，如今可以圆满了！

从传统戏到现代戏再到传统戏，恍若隔世，这一次却是自己真心实意的选择。

她叩开了魏莲芳老师的门，兰花指、水袖功、圆场、身段……从上到下、从里到外重新打磨，虽多年不见，但一声"苦啊——"，感觉立即回来了。老戏，仿佛住在隔壁，打开门就是。

哪知，就在她做好了不登台唱戏的准备时，戏却来找她了。1978年8月的一天，那位让她"靠边站"的领导突然请她到办公室见面。

"炳淑同志！"原先冷冰冰的"李炳淑"一下子变成热乎乎的"同志"了。

“有件事要跟你商量。”对方的表情也从腊月到了伏天。

“什么事？”她不卑不亢。

“是这样的——昨天，市委宣传部打来电话，让我们移植中国京剧团的现代戏《蝶恋花》，”他满脸堆笑地强调，“指定由你来主演女主角杨开慧！”

李炳淑愣住了，她没想到机会来得这么快。面对着这位忽冷忽热的领导，她不动声色地问：“什么时候开始？”

“尽快！马上！”

在团长王文涓的带领下，上海京剧院迅速组成了一支《蝶恋花》小分队赴京学习。短短一个星期，李炳淑跟着北京京剧团的李维康学习了杨开慧的唱腔身段，10月初就把这出戏搬上了上海舞台。

就是这部短短两个月里竖起来的戏，在逸夫舞台连演三个月，场场爆满，观众来信一天中多达200封，他们盛赞她从“江水英”到“杨开慧”的转变不露痕迹，角色血肉丰满、催人泪下，那段深情的“绵绵古道连天上——”迅速在戏迷中口耳相传，成为流行的热门“金曲”：

《杨开慧》剧照

绵绵古道连天上，
不及乡亲情意长。
洞庭湖水深千丈，
化作泪雨洒潇湘……

雨水一般的眼泪，流在杨开慧的脸颊上，更在李炳淑心头裹挟起一阵狂风暴雨。这到底是深深的悲悯之绪，还是感恩之情？抑或是酸甜苦辣搅在一处的哽咽难言，曾经沧海难为水的不堪回首？说不清，道不明，一次次贸然遇险，又一次次绝处逢生，春色乍冷落，天色却放晴。

“李炳淑真是一员福将！”同事们如是说。

能重返氍毹且广获认可，不能不说是福。而心灵的磨砺，使她渐渐能泰然自处，遇变不惊，恬淡宁静，笑对人生，这也是难得的福气吧？

后来一个偶然的机会，她遇到上海市委宣传部部长陈沂，半是玩笑半认真地问：“像我这样的演员，你们还敢起用啊？”

《杨开慧》剧照

“你是什么样的演员呢？”陈沂反问。

“有人说，我是江青培养的……”

“乱弹琴！‘四人帮’让你演戏，你能不演吗？”

这话是李炳淑一直想说但没说的，此刻发自他人之口，平添了几分感慨。或许往前推几个月，她是会哽咽甚至掉泪的，此刻却一时无话，只听见萧瑟深秋的树叶，一片片支楞楞落地，如金石振声。远处不知是什么鸟，知音一般地鸣了几声。

十年事，谈笑哉？感怀哉？悲鸣哉？

归去，也无风雨也无晴……

玲珑剔透巧构思

——小戏《审椅子》

《审椅子》是一部已经被历史、也被很多戏迷淡忘的小戏作品。

说到此，看官们或许不愉快了——既如此，为何还要浪费精力、旧事重提？作者非要巨细无遗地复述过程？读者的时间，难道就不是金钱、就容得你卖牛肉时再顺便搭上一块廉价的皮肉冻吗?!

亲爱的人们，请你们千万息怒。它闯入我视野时，并非是误打误撞的。隆重提及和推荐它的有戏人、学人、甚至网友，它在网络上被称为“灵台无计逃神矢”，“好的东西想挡都挡不住”……

说得这么好，未入戏剧史不说，连影碟也买不到，真的假的？

它的命运，就是这么尴尬。

《龙江颂》剧组排了一台小戏

《审椅子》出世绝非偶然，它是《龙江颂》剧组结出的另一只精致结实的果子。

在电影《龙江颂》拍摄结束的1972年，剧组从北京返回上海前，于会泳特意指示：为了方便深入农村、深入群众进行演出，需要排演一台精简的小戏。编导演由《龙江颂》剧组担任。

回到上海之后，剧组即刻投入人力编排，很快，一台花色丰富、能够兼顾不同观众口味的小戏竖了起来。有武戏《战海浪》和《津江渡》，文戏《审椅子》和《新保管》。《新保管》中途夭折，无有下梢，但其余的三部也足以能撑起两个多小时的演出了。而且，它们确乎达到了于会泳要求的“轻骑兵”的效果，演员不多，搬演方便。

《审椅子》情节集中，整出戏的矛盾冲突围绕一张红木椅子展开——一张看似平常的椅子，椅垫中却夹藏着地主的“变天账”，生产队长丁秀芹富有智谋，采取了“审”这一独特的形式，抓住了地主黄三槐的狐狸尾巴，最终揭穿了对方阴谋。李炳淑饰丁秀芹，周云敏饰沈家昌，张达发饰王德全，罗通明饰黄三槐。

在主题思想上，这出戏集中体现了毛泽东在1962年八届十中全会关于“阶级斗争”的主张，亦步亦趋地追随了当时的政治风向和口味。“成也萧何败也萧何”，在它刚刚被拍成电影公映后的两个月，“文革”结束，“阶级斗争”打上问号，一夜之间，情况变化，《审椅子》立刻显得不合时宜，拷贝被统统收回，市面上再难觅到萍踪。进入新时期，在党的十一届三中全会以后，全党和全国人民的工作重心转到社会主义现代化建设上来，彻底否定“以阶级斗争为纲”的错误思想，1979年1月29日，中共中央颁发文件为“地主、富农分子”摘帽。

如此富有戏剧性的转变，《审椅子》并非个案，命运相似的还有多部小戏。1976年，政治上翻天覆地，艺术当然也免不了“地震”。

真正的艺术品，总要与政治拉开一点距离罢。太近了，红火，也容易“走火”。

这是《审椅子》的经历。

李炳淑的辩证学

何谓李炳淑的辩证学？

此一时，她是党支部书记江水英，亲切和蔼，朴素善良，满心满眼的自我牺牲，勇于奉献，赚足了台下汹涌的泪水和会心的微笑；彼一时，她又是生产队长丁秀芹，刚毅多谋，犀利硬朗，充满了斗争智慧和浓重的阶级味道，让观众豪情顿生，血脉贲张。

这至少可以说明，她不但会“唱”戏，还会“演”戏。

有的人天生颖悟，演戏是一层一捅就破的窗户纸；但对于自小受行当表演教育的戏曲演员来说，首先要学的是程式技巧，时间久了，反而容易迷失在四功五法的汪洋大海里，到底怎样演出生动的“人”，倒不得而知了。只有那些剥除了云山雾罩、双眼清清爽爽的聪明者，才能跳出行当和技巧的束缚，依照人物性格进行创作。这种演员，在戏曲行里，说多也不多。

“丁秀芹”感觉椅子有问题

李炳淑算是个聪明的演员吗？

又要用到辩证法了。

——在相当长的时期里，她不算。也许要怪她本钱太好，一副金刚钻般闪闪发光又富有穿透力的好嗓子，摊给靠嗓子吃饭的京剧演员，绝对是上天厚赐。京剧史上这样的人物是有几位的——比如净角的金少山，声音如洪钟大吕，壮阔雄浑，是天生的“霸王”——但绝对不多，很大程度上，许多名家之所以能够自成一家，形成流派，多是因为有突出的缺点，而又能顺应情势，巧妙“扬短”，缺点遂变成了特点甚至成了长处，如程砚秋、杨宝森、裘盛戎等。李炳淑的嗓子几乎完美无缺，用同学苏盛义的话说，“头一次在学校剧场听她唱《女起解》，一声‘苦啊——’，耳朵里竟然嗡嗡作响！”当时没有麦克风，完全靠喉器、胸腔共鸣发音，能达到此境，可见本钱了得。为了打好基础，在戏校求学直至毕业一段时间后，李炳淑执着于一件事：重复。成百上千次地咬字、归韵、喷口、润腔，直至精确到与前辈大师不差分毫。这种劳动，费也费劲，但以模仿为主，不用动太多脑筋。

直到被要求演现代戏时，她发现，重复已不可能，一切都要求改变。

不仅仅要改变程式：兰花指要收起来，换成五个指头齐头并进；碎步要收起来，换成浩荡大步豪迈向前；水袖要收起来，挽起袖子才像干革命……所有的青衣范儿要全部抛舍还给祖师爷，不单单是改头换面那么简单，剔骨之痛、割肉之苦是要受的。这种痛，不只她一个，比她从艺更久的演员们要受的罪更大，一些人坎坎坷坷地成功“转型”，也有一些人成了邯郸学步，新的不像，旧的也变味了，非驴非马，难堪至极。一场戏剧的噩梦，魂儿在未登台前就断了。

现代戏纵有千不是万不是，却必须承认——李炳淑刻画人物的本事被培养出来了。她学会了向话剧学习借鉴，调动鲜明的情绪，用更直白、更生活化的手段来塑造角色。即便是唱，也不能再像传统青衣那样“温”，欢悦、悲伤、痛恨、喜爱、怀疑、委屈、期待……种种情感，无一不要用鲜明的气息控制、逻辑重音表达得淋漓尽致。

江水英是李炳淑啃下的第一块硬骨头，虽然过程艰难，但排练得久了，总会有点电光火石般的通灵之感，能一下子触摸到了人物血脉充盈的内心。《审椅子》则是另一种味道和气质的锻炼。两下里比较，前者清炖，后者则是爆炒，前者追求隽永绵长，后者强调热烈过瘾，但都不失回味，各有看头。其实，《审椅子》并非《龙江颂》剧组的原创。1964年的京剧现代戏汇演中，高义龙改编自李骐骥同名小歌剧的《审椅子》就登上过北京的舞台，饰演丁秀芹的，是曹禺夫人、上海的著名旦角演员李玉茹。论辈份，她高李炳淑一辈，新中国成立前是中华戏曲专科学校响当当的“四块玉”之一。为了能准确刻画生产队长的形象，她也曾下乡体验生活，付出的心血体力有目共睹。此戏被收入2010年出版的《李玉茹演出剧本选集》，似可以说明李玉茹本人对它的认可。但是，如果将两个版本作一比较的话，李炳淑版在音乐唱腔的完整统一、整体节奏的玲珑紧凑上，客观讲是更胜一筹的。

不吝付出　精打细磨

虽然只是个演出时间不过半小时的小作品，但因为出自于会泳的指示，加之是一台小戏当中的扛鼎之作，它的修改排练可谓大动干戈。

在上海排出雏形之后，为了接受此时已是文化部部长的于会泳的亲自指导，《审椅子》于1974年、1975年两次赴京加工提高。开工第一天，于会泳召集了导演、编剧、作曲、舞美、演员……所有部门，扔下一句硬梆梆的话："今天开始，我们从剧本的第一个字开始，一起捋到最后一个字。"

这是一种比较罕见的创作方法。一般地，排戏总是由编剧先进入，然后作曲配器，再让演员学唱、舞美设计、导演统筹……于会泳偏偏要各部门统一作战。幸好这是一部小戏，如此精雕细刻尚可承受；如大戏如此，付出的体力将是骇人听闻的。话说回来，众人拾柴火焰高，群策群力的质量自然让人刮目相看。

具体过程是，先由演员演上一小段，然后一起找毛病，唱词哪里不妥，唱腔如何提高，节奏有无问题，表演是否准确，配器是否和谐，灯光怎样调整……任何部门的任何人员，都可以发表意见，大家共同讨论，一起确立方案。当然，于会泳是主导，也是导演。

舞美设计充满诗意

他要求所有的唱、念、表演要像经过千锤百炼的传统戏一样，统一在节奏之中，无论大小动作，甚至是挪动椅子这样的细微之处，都要与锣鼓点子配套。周云敏饰演的沈家昌，要以一段踉踉跄跄的醉步上场。人物既要保持微醺的状态，又要走出节奏来。到底按什么节奏走呢？周云敏心里没数。于会泳低下头，稍一吟哦，就哼出一段旋律来。

"你就按照我哼的节奏走。"

这段旋律，后来成为《审椅子》的主旋律。

周云敏犹豫着迈开了脚。没

几步，于会泳不满意了：“你这是为走而走。”他的意思是缺乏意趣和味道。此时周对旋律不熟，总担心跟不上节奏，脚底板都恨不得长出耳朵，哪里还顾得上其他？可是，头没开好，会严重影响后面发挥。每次排练，一到醉步出场，他就紧张得满头是汗，越是怕，就越是步履僵硬，板滞得让他自己都捶胸顿足。

在同事们的帮助下，经过成百上千次的重复，感觉才慢慢找回来。

整体结构上，于会泳为《审椅子》确立了方针，要求“玲珑剔透”。一方面在交代背景、介绍人物时，寥寥几笔，简明扼要，注意情节的简练、紧凑；另一方面，在展示主要矛盾的激化、转化时，剥茧抽丝，演足演透。有这位“主帅”坐镇，剧组人员齐心协力，将戏剧冲突安排得饱满而富有吸引力。当《审椅子》俏式亮相时，观众立刻就被牢牢吸引住了：

> 主要英雄人物丁秀芹一上场，就处于矛盾冲突的风口浪尖。民兵王德全报告椅子被偷，丁秀芹赶到现场，不见椅子却见富裕中农沈家昌的烟袋。是沈家昌偷椅？还是地主分子偷椅？偷椅背后有什么文章？这团团疑云急需弄清。然而，《审椅子》并不是让她通过简单的方法得出简单的结论，而是赋予她以“审”椅子的特定方法来发展矛盾。这场“审”椅“察”人的战斗，剧本写得曲折生动，有声有色，令人信服地展示了主要英雄人物丁秀芹拨草寻蛇，层层剥笋，步步深入，终于搜出地主黄三槐暗藏在椅垫里的变天账，夺取了斗争胜利的过程。
>
> ——闻哨：《小戏创作也能深刻反映阶级斗争——革命现代京剧〈审椅子〉的启示》

对于女主人公的塑造，评论者也在细节营造上进行了不遗余力的褒扬：

> 丁秀芹每一句斩钉截铁的“等一下”，都显示着她牢牢抓住阶级斗争这个纲，剖析敌情、打蛇七寸的斗争胆识和智慧，形象地体现出

英雄人物不断推动矛盾向着革命胜利方向转化的主导地位和作用。在沈家昌从家里把椅子搬回来后，他负气要走，黄三槐也借势要溜，丁秀芹沉着有力地说了声："等一下！"留住沈、黄二人，开始迂回出击。当黄三槐反咬沈家昌偷椅，"推人下泥塘"，再次要溜之际，丁秀芹又一声果断的"等一下！"正式打响了"审椅"探敌的战斗。"审椅"一共九个层次，剥茧抽丝般揭示了复辟与反复辟的斗争实质。丁秀芹从拍椅提审、转椅细察、抚椅见伤，到量椅而发现"下短上长"、椅座特厚，到敲椅而发现"咚咚"作响、椅座空膛，再到要"取刺刀撬开椅座查明真相"，斗争节节推向前进。黄三槐风头上假认罪，造成戏剧冲突进程中一个大的跌宕，并为冲突疾速向高潮发展作了强有力的铺垫。黄三槐所以慌忙承认"偷椅子就是我"，目的在于阻止撬椅，蒙混过关，使暗藏在椅座夹层里的变天账不致被揭穿，用的是"苦肉缓兵之计"。民兵王德全不识诡计，打算就此草草收兵，让黄三槐"把椅子送回祠堂"了事。倘若真这样做了，则"审椅子"前功尽弃，反复辟的斗争也就半途而废。值此胜败进退的紧要关头，丁秀芹第三次锐气逼人地喊出"等一下！"这时，舞台上出现了较长时间的"静场"，渲染了敌我搏斗炽烈、紧张的气氛，收到"于无声处听惊雷"的艺术效果。接着，丁秀芹意味深长、一字一顿地说出："无针难引线，有雾慢行船"，抓住敌人为什么偷椅这个症结，盘根究底。至此，矛盾趋于白热化，敌我双方斗智、斗勇的戏剧动作和内心节奏也愈益激烈。在丁秀芹一句紧似一句的逼问下，黄三槐破绽百出，跌坐于地，乃至狗急跳墙，掏出砍刀，欲下毒手。丁猛然回身，黄则单腿跪地，佯作献刀，以供撬椅。丁顺水推舟，就让黄三槐来撬椅，自己则从旁冷眼审视。黄撬开椅座，故意推椅示众而遮藏椅垫。矛盾发展到这里，似已山穷水尽：椅座空空无物。王德全轻信受骗，打算让黄将椅垫"装上去"了结，而丁秀芹则从黄遮藏椅垫的动作，发现要害所在，第四次喊出"等一下！"命令"把椅垫给我"。到这里，恰似异峰突起，双方兵戎相见，丁秀芹眼明手快，夺过椅垫，取出夹层所藏"蓝皮红签的折子"——变天账。矛盾推到高潮，戛然收住，主人公丁秀芹敢于斗争，敢于胜利的英雄性格，至此也就完成了精雕细刻的最后一笔。

（黄式宪：《反复辟斗争的英雄战士——评革命现代京剧〈审椅子〉中丁秀芹形象的塑造》）

给普通观众留下深刻印象的，主要是别具新意的唱腔设计。丁秀琴的一段二黄“红木椅掀起了一阵风浪”，将自然界蛙声、风声与交响乐和传统京剧融为一体，唱腔血肉丰满、俏皮华丽，不亚于《杜鹃山》里的“乱云飞”，听起来非常过瘾。另有一组接榫密实、形象清晰的四人轮唱——也叫“联弹”，传统京剧《二进宫》、《甘露寺》均有。几个角色你唱一句，我发一言，一方面可以避免戏份不均引起的矛盾，另一方面促使他们各显能耐、相得益彰。《审椅子》中的这一段，每个人的音乐形象都鲜明饱满，戏剧性极强：

丁秀芹　你三人讲法都一样，全说是摆在那土坡旁，椅子原在会场放，是谁搬它出祠堂？

黄三槐　我可不知道，要问沈家昌。

沈家昌　你别和我犟，我没进祠堂！

黄三槐　认就认了吧，别把事弄僵。

沈家昌　干吗死赖我，你推人下泥塘！

民兵队长　眼前一笔糊涂账。

黄三槐　没人承认空招忙！

丁秀芹　繁枝密叶参天长，自有树根土内藏，眼下无人来认账，唯有椅子最知详。今晚只能把椅审——

沈家昌　这可真是破天荒啊！

民兵队长　木头椅子怎能够把话讲？

丁秀芹　河蚌一煮口自张！

黄三槐　审椅虽非审问我，至不住我心里跳得慌！

丁秀芹　剥草寻根看动向！

不少观众在三十多年后，犹对这段精彩联弹记忆犹新。

据说，《审椅子》第一次演出时，大幕刚刚拉开，观众们即被眼前色彩缤纷、好似农村风景画一般的舞台吸引，竟然不约而同地为舞美鼓起掌来。这样的场面，先前是从未听说过的。正当大家喜出望外时，于会泳看完演出，却对众人推崇的舞美下了“枪毙”令。理由是：景太大，分散了观众注意力，需缩小尺寸，突出演员。

舞美师只好重新改换。

大家对着一地废料唏嘘不已，但无人不以为有道理。

1976年《审椅子》作为精品小戏被拍摄为戏曲电影。这一年同样从舞台走向银幕的，还有吕剧《半边天》和《管得好》、京剧《苗岭风雷》、莱芜梆子《三定桩》、湖南花鼓戏《两张图纸》、楚剧《追报表》……但随着“文革”结束，能流传下来的少之又少。《审椅子》的公映时间，也就只有短短两个月。之后，所有拷贝统统收回，它又回到了给予它生命的上影厂，任岁月流逝，沉默无声。

或许，它的神韵，永远只能活在少数观众的记忆里了。

曲未终，韵更清，便似子规枝上月三更……

80年代初，《二进宫》演出结束后，汪道涵亲切接见。中为李炳淑，右为李丽芳

《宇宙锋》"金殿装疯"

水银灯下的传奇

——《白蛇传》创出戏曲电影最高票房

80年代初的影视圈儿，爆出了一个冷门：一部由上海电影制片厂摄制的戏曲电影《白蛇传》，观看人次达到7亿。

这还只是文化部仅仅在1981—1984年间对电影院统计的数据。如果加上露天电影的流动观众，实际人次应该在十亿以上。而1984年中国大陆人口总和，也只是十亿出头。

如此惊人的票房成功，空前；因为特殊的时代环境，也一定绝后。

那是国人从"样板戏"解放出来之后，第一次的视觉狂欢。上天入海、吐雾拨云、人蛇变幻、水火相交……更有那善良忠贞的白娘子，既有侠义肝胆，又有万般柔肠，眉梢轻轻一蹙，观众心里便咯噔一响。男人们恨自己不是许仙，无福消受这样一位体贴又有超能量的妻子；女人们怨自己不够漂亮，无法拥有那一双如水双眸和华丽鬓影；孩子们更是夜夜入梦，自己摇身一变，就成了腾云驾雾的神仙，一不如意，张口便是熊熊的三昧真火……

20世纪，中国人开心过，也没少受罪。经多了世事，反而想远离一点世事。不为别的，图个眼睛过瘾，心情疏朗。

现实太沉重了，不急赶路，轻松地做个梦吧。

这一次，梦中女主角，又是李炳淑。

"逼上梁山"的白娘子

1978年十一届三中全会上，"解放思想"的提法横空出世，以邓小平为核心的党中央集体开始了轰轰烈烈的经济建设新时代，改革开放已箭在弦上，不得不发了。

刚刚被“文革”弄得晕头转向的普通百姓，头晕眼花，喘息稍定。未来到底向哪里去？前路真的就一马平川？谁也不敢随便乱讲。虽说是未晚先投宿，鸡鸣早看天，可能看到多远，看得准不准，就是另一码事了。

精神束缚，总归是一天天地解开了，天地间，也一点点冒出了大胆的桃红柳绿。

鲜艳，好看，世界本当是五颜六色的。

最敏感、最早反映这种变化的是文学，伤痕文学、反思文学异军突起。王蒙在《大块文章》中写道：“我记得冯牧的一句名言，十一届三中全会以来，当代文学的脚步与党的意图是同步的。……以邓小平为代表的中央要说的话，差不多是话剧与小说里说着的话……”新华书店前，经常有如龙的人流兴奋而肃穆地排着队等待购书。

人们的精神世界荒芜得太久太久了。

影视界也开始有了动静，这个圈子的人们本来就活泛胆大。此刻，上影厂一位经验丰富的老导演傅超武，敏锐地嗅到了近似“真空”的演出环境中观众的渴求，他决心要抓住机遇，大胆探索，做一部卖好又卖座的影片，不但满足国内市场，还要发行到国外去。因为素日喜好京剧，他反复选择，最终把目光落在《白蛇传》上。

作为“四大民间传说”之一的《白蛇传》，情节曲折，首先是一个好故事；而且融魔幻、情感、动作于一身，可看性强；同时又在戏曲舞台盛演不衰，拥有深厚的观众基础。

好剧目是成功的一半，好演员是另一半。

当傅超武在众多“白娘子”中搜检再三、将幸运之箭射向了李炳淑时，李炳淑的反应却让他大跌眼镜。

“您还是找前辈大家吧，我不行。”她不假思索地推却了。

她有她的考虑：《白蛇传》是名剧，撇过其他剧种不说，仅就京剧舞台，梅、尚、程、荀、张都曾演出，新中国成立后，杜近芳、刘秀荣、关肃霜……亦各有风采。再者说，杜、刘、关还都不时演出此剧，自己这个“小字辈”何必掠人之美呢？

傅超武咬定青山不放松，一次不成，又来一次。李炳淑索性直陈了推辞的理由。没想到，傅超武早就心里有数，他不慌不忙：“小李，我如果拍舞台艺术片，一定会找她们。但《白蛇传》不是。首先脸部要经得起特写镜头的检验，还要有生活化表演的特点……我看了你的《龙江颂》，很好。你来演，没问题。”

导演傅超武

说白了，白娘子得是一位有实力的“偶像派”。

李炳淑若有所思：“这部片子要冲出国门走向世界的，用了我，万一演砸了赔了钱，怎么给国家交待？”《白蛇传》的投入是八十万，当时绝对算大制作。

换了别人，担当重任时，总应说些破釜沉舟、背水一战、全力以赴……之类打气，但李炳淑不停地“提醒”对方：莫要吃亏。

“你这个人——”傅超武实在不愿意把话说得太直太透，只好吐出两个字：“真怪！”

一直拍摄到第二场，李炳淑还不自信：“导演，你看看，如果不行，赶快把我换下来！”

傅超武哭笑不得。

……

事实证明，傅超武的选择是极有眼光的。时隔三十年后，一篇纪念文章恰如其分地总结了李炳淑版白娘子的特点：

看看李炳淑在《白蛇传》中的表现，我们会发现她的表演特色和我们现在能够看到的任何一台该剧的舞台演出版中的演员表演风格都截然不同。李炳淑的表演气质既明显有别于“文革”前的传统戏的演出特色，更迥异于当代戏曲演员的舞台风格。李炳淑的程式动作简洁明快，人物形象明显具有内在气质与神态的充实和支撑，完全看不出传统戏曲演出中那种只重程式化的表现手段，而忽视人物性格和气质刻画的遗风。李炳淑塑造的白素贞柔而不弱、悲而不哀，无论是喜怒哀乐还是悲欢离合，身上总是透着一股无法掩饰的英雄气。内在精神气质的充实与外表上的含蓄、克制、沉稳、干练的表演风格相结合成为李炳淑版的白素贞与其他任何一个舞台上的白素贞最为明显的区别。

……相较于该剧的几个较有代表性的舞台演出本而言，在这个电影版中本片的女主角李炳淑的个人演唱风格可能是最不突出的一个。

……白素贞的唱段并没有刻意强调突出某一种流派的风格特征，或是演员的唱功炫耀，而都是和戏曲的整体风格密切相关的。这使得人物的演唱风格朴实自然，和剧情的结合也更为紧密。

(章可贞：《春风秋雨光阴过天涯犹有知音在——纪念京剧电影〈白蛇传〉上映三十周年》)

作者又分析了这种风格形成的原因：

……这就可以看出多年的“样板戏”演出经历对李炳淑的表演气质的重新塑造。“样板戏”的表演在很大程度上突破了戏曲程式化风格的局限，更加强调演员的表演个性和气质的塑造。这也就体现在对人物表情、神态等方面的写实性的刻画上。显然，“样板戏”的这种戏曲表演观念对李炳淑的影响是相当深远的。

……

这种情况想必不会只出现在李炳淑一个人的身上。在二十世纪六七十年代有过多年现代戏演出经历的那些演员当中，至少在七十年代末到整个八十年代应该都能在她们身上看出这种古今交融所带来的表演风格的重塑。而这种传统与现代交融的风格对于那些没有多年的现代戏演出经历的演员来说，显然就不会具有（另一个典型的例子当首推刘长瑜。看看她在七十年代中后期和八十年代的那些传统戏演出的舞台记录，也能发现这种传统与现代交融的表演特色。所不同的是，李炳淑可算作这种风格在青衣行的典型，而刘长瑜则是这种特色在花旦行的代表。她们的共同之处就在于当她们在七十年代末重返京剧传统戏的舞台之后，她们的表演气质既明显有别于她们所宗法的门派前辈，也更不同于她们的后辈）。

“样板戏”虽然在政治上有争议，但艺术上给了李炳淑们与传统戏截然不同的营养。当初，谁能想到会有这样的副产品呢？

半推半就，逼上梁山。一个新的天地就此打开。

《白蛇传》的前世今生

有必要多说几句舞台版《白蛇传》。

据香港戏曲评论家杨明梳理，近百年来，除了川、梆、婺、越、粤等剧种广泛搬演《白蛇传》之外，仅就京昆界便有梅兰芳、小杨月楼、尚小云、黄桂秋、朱桂芳、俞振飞、姜妙香、白云生、叶盛兰、朱传茗、韩世昌、马祥麟以及他们的传人张君秋、李世芳、宋德珠、言慧珠、李玉茹、杨玉华、杨菊苹、顾正秋、阎世善、班世超、李金鸿、冀韵兰、赵燕侠、杜近芳、关肃霜等擅演白蛇、许仙。这些组合，个个星光闪耀，粉丝如云。无怪乎李炳淑会打退堂鼓。

《白蛇传》的编剧，说起来竟然是国人无所不知的大家——1947年，田汉综合了戏曲舞台上流传的《游湖借伞》、《盗库银》、《盗仙草》、《水斗》、《断桥》、《合钵》等情节加以改编，取名《金钵记》。1953年，又删去《盗库银》，结尾增小青击败塔神、救出白素贞，改名为《白蛇传》。

著名作家徐城北曾在《“五条白蛇”之外》中梳理过田汉《白蛇传》捧出的几条“白蛇”：“最早的是刘秀荣，其演出的整体感很强；随后梅派弟子杜近芳也排了，梅派痕迹自然强盛；稍后，是荀慧生的弟子赵燕侠，特请田汉在‘合钵’一折，专门为她增添了一段‘小乖乖’唱段；再后，云南

《游湖》

《借伞》

《接亲》

《断桥》一

《合钵》一

《合钵》二

《塔倒》

《断桥》

梅大师的《断桥》堪称经典，梅兰芳饰白素贞，俞振飞饰许仙，梅葆玖饰小青

关肃霜也在排演中特别突出了‘盗仙草’……事隔多年，上海李炳淑又把此剧搬上银幕，其中用了若干特技镜头。就这样，五条白蛇在梨园位置已定，各有各的观众了。”

李炳淑的影视版，大体上依旧采用田汉本的框架，但在细节上做了修改。一是加快节奏，删去了一些零碎场子和过场戏，使整体结构更为精炼，情节推进更为流畅；二是调整了许仙形象，将原来的端午节劝酒由故意改为无意，使他可爱了，也让观众不必为白娘子的痴情错爱而抱冤。

全剧摒弃了舞台剧的拍摄手法，换之以故事片的叙事方式。白娘子的发型不再是传统戏剧里的贴片子、两细一粗长至腿部的发帘，换之以古装电影里更生活化的辫子。念白、唱词也力求通俗。《断桥》一场中有一句唱词是“许门的香烟”，年轻人听了误以为是烟草，后来改为“许门的儿男”；还有一句“莫怪青儿变了脸”的“脸”字，过去按上口唱成“硷”字，影视版也改成正音。

最突出的变化是：小生行当的许仙不能再唱小嗓（俗称假声），而要换成大嗓（即真声）。这主要是因为此剧“走向国际”、要兼顾外国人的欣赏习惯而决定的。不过，这并非首创——据北大教授吴小如说，大嗓唱小生原是“古已有之”，从清末俞菊笙、谭鑫培、杨小楼，到后来的周信芳，都试过，而且获得一定成功，50年代末，中国京剧院的李少春、杜近芳到西欧演出《白蛇传》时，李少春也以本嗓演唱许仙，因此并不值得大惊小怪。

剧中法海一角，由老生改为由净行的苏盛义扮演。这一变更也是参照了当年李少春、杜近芳、袁世海赴欧美演出时的行当布局。由净行扮演法海，能够更加突出法海的狠毒、阴险、伪善和残暴，获得更好的艺术效果。当年，袁世海先生看了电影后，表示非常满意，还主动把苏盛义收为入室弟子。

种种改变，都是为了拥有尽可能多的观众，而且最终确实也达到了效果。七亿人次的票房，让所有戏曲电影都望洋兴叹。

这些改革，对于挣扎前行的当代戏曲，到底是饮鸩止渴，还是回春良药？似乎还没有得出答案。如今，影视版《白蛇传》已过而立之年，但除了在央视戏曲频道偶尔露峥嵘之外，它高调地活在许多观众的记忆里，仅此而已。

影视版《白蛇传》的价值，是时候研究了。

人前显粹 人后受罪

戏曲是碗苦饭。

刚入行的孩子们就被翻来覆去地告诫：“若要人前显粹，先要人后受罪。”台前的掌声如雷、喝彩声似海，要凭几十倍、上百倍的泪水、汗水甚至血水来换。

值得吗？

喜欢，就值得。

但拍电影，不管你喜不喜欢，情不情愿，进口的伊斯曼胶卷在那里摆着，一天一万块钱的摄影棚在那里等着，你的身体不是自己的，是剧组的。再累再苦，也得挺着。

《白蛇传》采取虚实结合的摄制方法。既有外景，也有摄影棚搭景。从进棚第一天起，演员们就享受到了高规格的“接待”——剧组成员藏龙

电影拍摄现场，主要工作人员有傅超武（左二）、黄绍芬（右二）

卧虎来头不俗：总摄影黄绍芬是上海摄影家协会主席；录音苗振宇是上影厂总录音师，后获中国电影“金鸡奖”最佳录音奖；作曲、琴师沈雁西曾与梅兰芳、周信芳合作，声名远扬……专家级的团队，敬业精神也是一流的。第一次化妆，足足从清晨六点进行到中午十二点。搭棚、布光极费周折，随时要根据演员走位进行调整，再走，再调焦距，水银灯热得演员满头大汗，只好再三补妆……第二天，饰演小青的方小亚就累得发烧了，一量体温，乖乖，三十九度！她愁眉苦脸地找到副导演。

“那也不能停下来，这个棚每分每秒都在花钱。……你知道《春苗》的女一号李秀明吗？”

《春苗》是谢晋导演的代表作之一，饰演赤脚医生“春苗”的李秀明此时已红遍大江南北。

“她拍电影的时候，发烧到四十度，照样得举着盐水瓶排戏呐。”

最终，方小亚依旧上阵。聪明的导演让烧得晕乎乎的她拍摄小青在端午节体力不支的一场戏，倒是贴切自然，毫无痕迹。

而李炳淑遇到的第一个难题，事关“脸面”。

戏曲妆与生活妆不同，必须勒头、吊眉毛、涂油彩，平时登台演戏，也就两三个小时，皮肉之苦尚可忍受。但拍电影一旦上妆，就得熬上一天。时间一长，头痛难忍，眼前的世界也像醉汉一般东摇西晃。而让演员看起来赏心夺目的油彩，此时成了一剂毒药。李炳淑的近景和特写镜头最多，对妆容的要求也最高。几天下来，她只觉得鬓角火烧火燎。对着镜子一看，竟起了一串燎泡。这是卸妆时使用酒精的恶果。

再一看，整张脸已经肿得近乎失形。

“明天拍小青的近景戏，‘白娘子’就远景吧。”导演调整了安排。

第二个难关是吊钢丝，如今叫“威亚”。

影片中的飞天镜头，都要用一根钢丝绕在腰间悬至空中，演员根据导演的指示侧身、转圈，做出种种飞升姿势。这样的场面，现今别说是演员，普通百姓也通过电视早被“扫盲”了。而李炳淑头一次接过剧组人员递来的钢丝，心里七上八下。

“这么细的钢丝，结实吗？”

“放心，你的体重再翻一倍也没问题。”

李炳淑提心吊胆地上了天，飘飘然如摆脱了万有引力，但大地母亲的怀抱岂是说离就离的？地球重力变成了腰腿间铁丝的拉力，酸痛难言。

此后，李炳淑一看到电视里的飞檐走壁、腾云驾雾，就免不了为演员们捏把汗。

等到拍盗仙草的飞天时，又换了式样。

一辆周身蒙着黑丝绒的大卡车顶，伸出一根细长的柱子，李炳淑像社火里的“芯子”一样，被绑在顶端，煞是惊险。卡车启动，由慢到快行驶，小风拂来，裙袂飘飘，真似天神一般。

白蛇胆大，青蛇也不失英雄本色。

结尾处，小青修炼成功，吐出三昧真火，雷峰塔在火中轰然倒塌，牛气冲天。戏曲舞台上的“吐火”经常使用炭火或者硫磺粉，但如果搬到影视剧里，火势不足，视觉冲击感会打折扣。不知谁想出个大胆的主意，让小青手捧葫芦作吐火状，葫芦内藏着一根货真价实的煤气管子，煤气一旦开启，火焰便如一条长龙般冲了出来，势头骇人。

效果是好，风险也大。拍摄时，消防队带着全套消防器材严阵以待。火焰将出而未出时，人人的心都提到了嗓子眼。

最危险的当然是方小亚。火何时飞出，全由开煤气者操纵，她是半点主动权也没有的。蓦地里火起，她当然会猛然一惊。此时惊恐，乃人之本能，忍是忍不住的。拍了两次之后，脸部表情仍然不合剧情要求。傅超武想出变通之法：摄影机从旁切入，只拍半张脸。

角度一变，惶恐立刻像是激情。

每每看到此处，观众莫不心潮澎湃，鼓掌喝彩，有人甚至喜泪迷蒙。

拍摄日程紧张，演员消耗巨大，几乎到“何以家为”的境地了。李炳淑每天天不明就要起床，为上小学的女儿做早点，打理好家务，再奔赴上影厂。拍毕出门时，早已满天星光，回了家还得洗洗涮涮，对着早已入梦的孩子一个轻吻，算是道歉。

四五个月间，日日如此。

身体的劳顿和不适，像滚雪球一般越来越大，等拍到全剧的重点桥段“断桥”时，李炳淑感觉有点坚持不住了。步履灌铅，哈欠连天，神衰气短，虚弱得直想往地上坐。有亲戚朋友提醒：“消耗太大了，熬点参汤补补吧。”

李炳淑只是笑笑。

靠自己每天区区五毛钱“进棚费”，买人参？天方夜谭罢。

捱着，熬着，硬是一点点挺过来了。中华民族有个突出优点：任劳任怨能吃苦，何况李炳淑当年经受过样板戏过硬的体力“锻炼”，百炼成钢。

从舞台到影视的蜕变

戏曲演员，从舞台到镜头，跨度究竟有多大？

或许有人说，不难呀，影视演员不少都是学戏出身，比如陈小艺、徐帆、邓婕、于荣光、蒋勤勤……很多知名戏曲演员，演影视剧也是一把好手，像杨春霞、何赛飞、六小龄童、韩再芬……好长的一张名单呢。

戏曲演员出演彻头彻尾的影视剧，可以完全摆脱程式束缚，反而容易些。戏曲电影却是“脚踩两只船”，需要在戏曲化和生活化之间小心把握。程式味道太重，普通观众难接受；太生活，又成了穿着古装的“话剧加唱”。李炳淑虽然以“江水英”获得了生活化表演的经验，但在导演傅超武看来，还远远不够。

“酒变”一段，成了李炳淑和方小亚的试金石。

端午节白蛇现形，不慎将许仙吓死。白蛇痛哭，决心盗草——白蛇将许仙托付小青时要唱一句“含悲忍泪托故交……”。因为先录音，后进棚，傅超武一边听，一边估量将来画面上应该出现的人物表情。

“没入戏！”李炳淑已经重复唱了三四遍，他还是这一句。

“我再试试……”态度是好的，但底气有点不足了。

“感情要浓一些，否则缺深度。”

李炳淑细细琢磨，悟出了点道理。

后来，《新民晚报》名记者张之江前来剧组采访，李炳淑轻声慢语地说：“……我因此得出一个教训：我平时的唱顾及‘声’的成分多，顾到‘情’的成分少，只是由于舞台上没有特写镜头，面部表情转瞬即逝，才使人觉察不出‘声’与‘情’的差距。”

等进了摄影棚，同样是“酒变”，一段哭戏让李炳淑和方小亚费尽周折。

两人哭得认真卖力，导演却皱起了眉头：

“感觉不对。”

两人面面相觑，什么是“感觉”？

“你们自己看看。”导演把刚才的一段放了出来。

两人一瞅，恍然大悟。戏曲舞台上哭泣的程式一挪到胶片里，太假。

“可以培养情绪，想想伤心事……”导演启发。

这样的方法在演现代京剧时，也曾经尝试过。李炳淑自不用说，方小亚也曾在《智取威虎山》饰演小常宝B角，有演现代人物的经验，稍稍提醒就找到了方向。小青一声“姐姐——”，泪珠儿如断线珠子般洒落一地。白娘子搂着小青，哭得让人痛惜。

“好极了！”傅超武禁不住喝彩。

此后的哭戏越来越顺，几乎一条就过。尤其是“断桥”、“毁塔”两段，

《白蛇传》宣传画

两人互相激发，将姐妹深情刻画得入木三分。连摄影师、灯光师也被感染，从头到尾都噙着眼泪。

张之江后来采写的《水银灯下看〈白蛇〉——摄影棚里访李炳淑》，还记录了李炳淑另外一个心得："我演白娘子将许官人托付小青时有一个一再翻身回顾，一再挽袖施礼，以至最后双膝跪下重重相托的反复身段；在电影镜头前面，我往往顾了表情就顾不了水袖，顾了水袖又顾不了表情。通过这次拍摄电影，使我在内心感情与外形动作相一致这方面经受了一次很好的锻炼……"

此时的她，已经年近不惑。这时候受"锻炼"，晚不晚？

当然不，朝闻道，夕死可矣！

让人惊叹的特技

一般认为：《白蛇传》的成功，主要有赖于精彩的特技。

此说正确与否，暂放一边。《白蛇传》的特技确实手法多样，出神入化，达到了当时影视界的最高水平。2005年4月的《新京报》上，上影厂特技师秦孝成在《白蛇传：戏曲电影曾经的辉煌》中回忆了影片部分特技的制作情况：

> 《白蛇传》的特技量非常多，大约有上百个，它几乎把所有的特技方法都用到了，一些在舞台上一带而过的情节在电影中就用蒙太奇或者电影特技的方法来表现。比如做模型、定向荧幕合成、绘画合成、蓝荧幕合成、技巧印片等，而且特技在这部电影中不光是渲染气氛，还起到了讲故事的作用。
>
> 第一幕中白蛇、青蛇从峨眉山飞出化成人形，就是找上海美术电影制片厂制作木偶戏的工作人员用硅胶做成1米多长的蛇，然后依照拍摄木偶戏的方法逐格拍摄，包括后面蛇与龙打斗的场面也是分别逐格拍摄，最后再合成在一起。山里的云海是用干冰做成的。
>
> 水漫金山那一幕则是我们在一张A3大小的纸上细致地描画出金山进行拍摄，当然人在台阶上行走是实景拍摄，最后用遮片技术就像剪贴画那样把实景镜头和图画合成在一起，这些也都是一格一格地完成的。
>
> 大螃蟹吞吃法海那一幕我运用了“定向银幕”的方法，有些类似现在的以放映在银幕上的影像为背景，配合前景中的真人真物来摄制一个场面的方法。当时我设置了两张银幕，前面的那张做成嘴的轮廓，后面再另外做一个大的螃蟹钳子，把法海夹住，人就从这两张银幕的中间掉进去，看起来就像是他被螃蟹吃了一样。

民间传说里的“螃蟹吃法海”被用了进来，观众感觉既新奇又亲切。时光迈入21世纪后，一位观众仍对它情有独钟：“片尾‘大螃蟹’的特技现在看来仍可以一看，比《珊瑚岛上的死光》强多了……”

……

一个偶然的机会，笔者看到了傅超武于1979年导演的《蓝光闪过之后》，这是第一部反映唐山大地震的电影。虽则年代久远，但特技手段高超精湛，与30年后创下票房纪录的《唐山大地震》相比，技术水平并不像它们的年份差得那么远。傅超武确实是一位有本事的人物。

话说回来，《白蛇传》因特技获得美誉，但特技也成了一些圈内人将它视为异数的理由。为了寻找戏曲界对影视版《白蛇传》的评论文章，笔者几乎翻遍了所有能看到的当时刊物，但两手空空，无功而返。它的身影真的太寂寞了。

据说，《白蛇传》成功之后，一些制作人嗅到了商机，也开始在戏曲作品中大量堆砌和拼贴特技，追求视觉冲击。但都反响平平，生命短促。这似乎可以说明，《白蛇传》赢得观众的原因，绝对不单单是特技。

那更重要的原因到底是什么？

有人曰：是戏曲音乐创编和运用的成功创新；

有人曰：是写实与写意的恰当结合；

有人曰：是剪辑技巧和戏曲节奏的水乳交融；

……

但笔者顽强地认为：人物塑造的成功是最大的赢家。白蛇之善足以动人，小青之忠足以感人，许仙之戆足以恨人，法海之恶足以恼人……普通影片如果是白水，《白蛇传》至少是果酒，既甘美浓烈，又有悠长的回味。

优点种种，再加上过硬的特技，自然比较完美了。

上座率爆出冷门

《白蛇传》拍讫，李炳淑又回到京剧院。该练功练功，该演戏演戏。日子如平静的流水，不兴波澜。

一天，她和平时一样，早早起来为女儿烧饭。忽然，橱柜上的收音机里一条消息吸引了她的注意："……有两部戏爆出了大冷门……一部是《悲惨世界》，一部是戏曲电影《白蛇传》。"

《白蛇传》怎么了？李炳淑担心地放下了手里的铲子。前不久，她还听说因为考虑《白蛇传》是戏曲，估计观众不多，所以被安排在三流影院演出。

收音机里继续响着："……剧院爆满，观众好评如潮。两部片子都换到了一流影院，欢迎观众朋友们前去观看。"

原来如此。李炳淑长长吐了口气：导演和剧组同仁们可以放心了。

这顿早饭，她比平时多吃了一倍。

随着《白蛇传》的观演局面迅速打开。李炳淑再一次忙了起来，她收到的信件，竟然比演"江水英"时还要多。上至八十多岁的老人，下到七八岁的孩子，都在信中表达了喜爱和钦佩。有个农村老汉，放映队播到哪里，看到哪里，前后看了四十多遍；有个菜农，到城里卖完菜后，赶紧去找一家廉价的招待所住下，就为了捱到晚上看一场电影；还有年岁已高、行动不便的老太太，是由孙子推着轮椅去看的；更有一位八十多岁的老人，为到县城看戏，骑车走了六七十里，结果在半途中不小心摔断了腿。他不以为憾，还说为了一饱眼福，值得……

求爱信更是"水漫金山"，来势汹汹。

也有求助信："你能帮助许仙，一定也能帮帮我……"这是把她真当成神仙了。

还有寻亲信："我丢了一个妹妹，没想到这个妹妹就是你！"

《白蛇传》先后获得1981年第五届中国电影"百花奖"之"最佳戏曲

"白娘子"上了《大众电影》

电影连环画《白蛇传》封面

片”奖，文化部“优秀舞台艺术奖”。当她和导演傅超武一起登上领奖台时，他低低一笑：“你看，都得了两个奖了，对自己有信心了吧？”

惊喜还在后面。1984年秋天，李炳淑赴京参加梅兰芳诞生90周年纪念会和演出活动时，遇到一位文化部领导。

“你们的《白蛇传》很厉害啊！据我们统计，观众达到7亿多人次，创了新中国成立以来戏曲电影上座率的最高纪录了。”

五六十年代的戏曲电影如越剧《梁山伯与祝英台》、《红楼梦》和黄梅戏《天仙配》都曾创造票房纪录，但这一次，《白蛇传》的成绩将后无来者。

荣誉还远未打上句号。1995年，李炳淑因其获得了第三届中国唱片“金唱片奖”；1999年，又获得美国林肯艺术中心第十九届“亚洲最杰出艺人”榜首……

《白蛇传》在国内外市场的红火，大大超过了傅超武原来的预计。

……

一位朋友曾私下里询问李炳淑：“《白蛇传》这么多人来看，你赚得不

20世纪90年代初舞台版《白蛇传》剧照

90年代舞台版《白蛇传》

少吧？”

李炳淑抿了抿嘴唇：“‘赚’了一个保温杯。”

“百花奖”奖金有三千块钱和一台彩电。投拍方上影厂捧回了彩电，三千元奖金则由上海京剧院支配。京剧院的领导要把这些钱给李炳淑，被她推辞：“得奖是大家共同努力的结果，奖金也应该给大家。”剧院反复考虑，决定将一部分钱用于新剧目的排演，另一部分拿出来，给每位演职人员发了一个保温杯。原装正品是两块五，按人头还不够。只好买了处理品，一块八毛五。

李炳淑在2006年央视《流金岁月·相聚》现场展示白素贞所穿的行头

这个一块八毛五的保温杯，至今还在李炳淑家安安稳稳地放着。

白蛇传故事，在这之后仍然改换着面目热闹上演。影视剧中影响较大的有五十集的台视赵雅芝版、三十集的央视刘涛版……更有视角新异、古灵精怪的电影《青蛇》，连法海也可以是一身肌肉的帅哥了。

相比之下，1981年的这部戏曲电影，只是一道清清爽爽的开胃小菜。但这道菜的正宗浓郁，无法效仿和复制。它的泡制秘方，静静地藏在80年代初期独特的文化坛子里。

冷风来，何处香？忽相逢缟袂绡裳。

鼓板撼动满天霜

——迈出改革步伐

京剧改革的鼓音已经连绵响了三十年。

这三十年里，鼓点充满了起伏变幻，时而如波涛连天的大海般宏阔，时而却寥落得像拂晓时的晨星，时而是霸王的热血，时而是蟋蟀的拌嘴。它裹挟着京剧人的命运，蹒跚却又顽强前行着。下一站是哪里，鼓槌未落，谁也难以给出笃定的答案。

可怪也！国人皆知她是国粹，却心甘情愿地冷落着她。她的孤单据说是因为观众被电视严重分流，据说是因为太过缓慢与现代生活格格不入，据说是程式极多无法理解沟通……道理一箩筐，但同是古典艺术的芭蕾照样风生水起，膜拜者能追到巴黎去。

锵锵锵……“急急风”起，小兵扬着面旗子冲上了，不是洒落上场，而是伺机突围。总要想想办法，万一能闯出一条新路呢？

李炳淑，刚脱去“白娘子”的曼妙羽衣，就成了一位京剧改革的马前卒。

她的胆识是被时势催生的。

夹杂着锈味的阵痛

“文革”后的上海京剧院，一共有三个团——以《智取威虎山》剧组为班底的一团，《海港》剧组为班底的二团和《龙江颂》剧组为班底的三团。李炳淑在排演《杨开慧》时进了二团，从此就没挪窝。

李炳淑与张南云（左一）、童祥苓（左二）、李长春（右一）

二团是剧院角儿最多、力量最强的一个团。当时，童祥苓、张南云、李丽芳、汪正华、李炳淑……都有很高的知名度和曝光度，各有一批忠心耿耿的粉丝。排戏演出不能太厚此薄彼，要尽量机会均等，一碗水端平。可是如果挨个儿轮流演，李炳淑两个月才能演上一次。演毕，乖乖地宝剑收锋，明珠投暗。

著名杨派老生汪正华

李炳淑只觉得，自己浑身上下弥漫着一股生锈的味道。

照旧练功吊嗓，没有一丝不情愿。一天不练自己知道，两天不练同行知道，三天不练连观众都能看出来，虽然离下一次演出还有漫长的两个月，练功已经成了她的本能。她不愿用登台的期待折磨自己——想演戏的心像一把钝刀，虽不能置人于非命，但来来回回地磨砺也足以血肉模糊。日子久了，伤口结成了疤痕，磨成了茧，但钢刀过处，仍然起着嗖嗖的凉意。

50年代的言慧珠，因为在上海京剧院与童芷苓、李玉茹一起，三旦比肩，已然喟叹机会稀少，大呼“我要唱戏”。如今的李炳淑，遇到的难题还要棘手。但她不像言校长那样张扬奔放，她自觉地戴着“玻璃口罩”。

即便卸了，又如何？僧多粥少，谁也没有办法。

成立“李炳淑小组”

经济领域的体制改革，早在几年前就露出了端倪。

1978年，安徽凤阳小岗村十八户穷得叮当响的农民，大胆实行“分田到户”，戏剧性地揭开了中国农村家庭联产承包责任制的序幕。1979年，安徽、四川等省也开始试行包产到户。

文化领域随即兴起了层层波澜。

1979年底，文化部起草了《关于艺术表演团体调整事业、改革体制以及改进领导管理工作的意见》，提出要下放艺术表演团体的演出剧目权、一定的财权和用人权。1980年2月召开的全国文化局长会议认为：“艺术表演团体的体制和管理制度方面的问题很多，严重地影响了表演艺术的发展和提高，需要进行合理的改革”，讨论和交流的核心也是艺术表演团体体制改革的问题。

山雨欲来风满楼。风起来了，雨还迟迟没有下。

一天，李炳淑接到了一位安徽芜湖京剧团老友的电话，她热情邀请：“来跟我们合作演出吧！”

芜湖京剧团缺角儿，上座冷落。为了改善经营状况，想以本剧团为班底，再借来外地名角，以扩大影响。

李炳淑不是新派，她沉吟片刻，问：“别人会不会认为是走资本主义道路？”

“你的思想这么保守！”对方惊讶，“上面已经要改革了，还怕什么呀？”

“你让我考虑一下。”放电话的那一刻，李炳淑打定主意，第二天去找领导谈谈。

没想到，领导竟然点头同意了："夏天总归不出去演出，人都闲着，能出去锻炼锻炼也不错。"批准她自己挑选随行人员，随时可以出发。

"李炳淑小组"火速成立，直奔芜湖。

她没有进行任何宣传，但嗅觉灵敏的记者和文艺评论家们飞快地注意到了这一新鲜事物。1981年6月的《上海戏剧》发表了一篇由陆铁军采写的《李炳淑小组在安徽》：

> 八月七日的芜湖，气温高达三十七度，地处闹市中心的和平大戏院，由于没冷气装备，更是暑气逼人，犹如一只巨型蒸笼。然而，被笼罩的一千六百个观众却毫不介意，个个聚精会神地观看着上海京剧院二团著名演员李炳淑主演的《王宝钏》。
>
> ……她带的"兵马"并不多：演员七个，乐队和舞美人员各五个，舞台监督和行政人员各一个，总共才二十人，可谓"轻装简从"。其中，除了孙文元、高韵洪、肖润年之外，娄局长（作者注：当地文化局长）对花脸苏盛义、老生李永德、小生陆柏平和刀马旦于永华也不陌生，十九年前他们和李炳淑一起在芜湖登过台。所不同的是，现在他们的唱腔念白比当年更动听，身段动作比当年更优美了。
>
> ……
>
> 演出前，李炳淑小组的同志心里并不踏实：天气这么闷热，票价又比往常贵一倍，上座率会不会受影响呢？事实证明，他们的担心完全是多余的。请看——
>
> 广告发出后，剧场的售票处门口人头攒动，热闹非凡，安庆皖江影剧院的两个售票窗口已不能适应要求，于是乎，工作人员就在售票窗旁边的墙上打一个洞，临时增加一个售票口；芜湖有个干部好容易买到一张票，不料一家四口都要去看，谁也不肯让，结果，只得采取摸彩的办法来解决；告别演出那天，台下和舞台两侧都挤满了观众，休息室、办公室、化妆室的椅子被"洗劫"一空，有的"内部观众"甚至提前三小时把椅子安放到台侧，写上自己的大名。
>
> 李炳淑每次演完戏，卸好妆，步出剧场时，总会被守候在门口的

观众围住。有的请她签名留念，有的与她热情攀谈。一位中年观众对她说："感谢你送戏上门，否则，我不知道哪辈子能去上海看你的戏。"一位老大爷拉着李炳淑的手说："我看过你演的《白蛇传》电影，今天，终于看到了你真人演的戏，八毛钱值得！……"

看来，李炳淑在戏迷观众心中的形象，已经有浓厚的偶像意味了。不过，偶像的待遇并不比龙套演员好，该受的罪一样没少受：

由于酷暑以及数万瓦灯泡的炙烤，每次演完戏，他们的衣服都湿透了，体力消耗颇大，外加夜晚闷热得难以入眠，休息不好，因而演出不久，李炳淑和十来个组员都相继病倒了。或许有人会问：本来他们蛮可以闲在家里，每天晚上坐在电风扇旁边，舒爽地观看电视，工资又照拿，根本不用受眼下这份"罪"，此时此刻，他们有没有懊悔？没有！他们让"业余卫生员"于永华打了针，又横刀跃马，驰骋沙场了。看到李炳淑他们为民演戏的情绪如此高涨，梅派老琴师沈雁西倍受鼓舞，他强忍着痔疮发作的疼痛，操起京胡，一拉就是三个多小时。……

文章后还附着一篇杂志社撰写的短评，题目是《这种形式好》，总结出了五大好处：

一能增加演员的舞台实践机会；二能丰富外地群众的文化生活；三能与外地同行交流经验；四能为本剧团增加经济收益；五能增添小组同志的福利，真是五全齐美。

带队演出能有如此效果，颇出乎李炳淑预料。

一个月演了二十几场戏

李炳淑小组在芜湖演出的二十天，正是热得吓人的时候。化戏妆时热得油彩也涂不上；行头泡在汗里，受损不小。演到第十三场时，大家热得实在难过，提出就此结束。

剧场经理急得汗水涔涔："各位，好歹再演一天……辛苦！"

一次又一次的"再演一天"，拽着小组又加了四天戏。后因安庆京剧团特意邀请，小组临时转赴安庆，演出七场。

回上海前，小组成员聚到一起，算了两笔账：

一笔账是场次，总共演了二十场戏，相当于以前三年的演出量；

一笔账是收入，每人能分到一百多块，相当于三四个月的工资。

这是一个月里的创收？听起来好像是神话。

李炳淑的心像鼓足了风的船帆，饱满轻盈。在睡不着觉的夜晚里，她放任着自己的思绪，甜蜜而悠长地享受着这难得的充实。好比一头饿极了的牛，因为一下子吃了太多鲜美可口的青草，不细细反刍就可惜和轻慢了这顿美味一样——自从高强度地排演和演出完《龙江颂》和《审椅子》之后，她饿得太久，渴得太久，心灵空落落，日子轻飘飘，一切都因为不能长久拥有那个让人能忘记一切不快、安置灵魂的舞台。如今，尽管体力付出巨大，身体疲惫不堪，心灵却终于妥贴宁静了。

1983年在安徽宣城

一个人，能够激活自己的生命状态，尽兴尽情地做喜欢的事，而且像钢铁淬火一样得到打磨和锻炼，不是幸福的吗？最为紧要的是，这说明她体力充沛，正在人生风华的峰巅，这样的状态，就应该全力扑在舞台上，才不愧对这个百舸竞流、热火朝天的时代……

可是——以后的路怎么走？一直这样演下去，孩子的学习怎么办？老人万一病了怎么办？……

好不容易有了充分锻炼的机会，却又有那么多放不下。唉，机遇真像一条滑溜溜的小鱼，好容易握到手，它却尾巴一摆，扑棱棱想从指缝逃走。

成立承包团

“李炳淑小组”热火朝天地出外演出期间，本剧院却一天天走着下坡路。

正如杂志报道的那样：“上海京剧院总共有演员673人。人很多，但行当比例失调，有旦角60人，生角60人，人称‘一窝旦’，‘一窝生’，摆不匀，拖不动，长年窝在上海滩。人才积压，中、青年演员舞台实践机会少，许多人甚至根本没有演出机会。整个剧院处在一种懒散、瘫痪的局面。有人形容演职人员的生活是‘抱孩子，洗盘子，捅炉子，出乱子’。但是，国家每年却要为这个剧院补贴80多万元，而且有增无减，1982年达到115万元……”

转眼到了1983年。

元旦当天，文化部部长朱穆之在《改革，才能开创文艺工作的新局面》的讲话中提出：“农业改革的基本精神与原则一般也适用于文化艺术事业，就是要实行责任制，联产承包。”

这算是冬天里的一把火吗？

聪明人立刻明白，京剧院横竖避不开改革了。

“文革”后的上海戏曲界，京剧是当仁不让的老大哥，昆曲、越剧、沪剧、滑稽戏等其他剧种，正在劫后余生中顽强而艰难地一点点恢复着呼吸，能壮大力量已经不易。“改革”的龙头杖，除了京剧院，无人接得动。

话说回来，联产承包在京剧界也算不得新鲜事物。新中国成立前，那些身家自由、走关外下江南闯荡上海滩的名角儿，不都是“承包”？他们大红大紫，叱咤风云，留下若干精彩的经典剧目，也创造了让人赞叹的人生传奇。四大名旦，四大须生，哪一个不养活几十号人班底？据说，梅老板家一开饭，就是满满当当的两桌，十几分钟后又换一拨人，除了著名的智囊团“梅党”，甚至还有很多连他自己都不认识……但时过境迁，天翻地覆，机制体制全变了，能攒起一个像模像样的班底，不容易。

1月29日，《人民日报》刊登了北京京剧院一团一队试行经营管理体制改革的报道。此事大大鼓舞了上海文艺界改革的士气，剧团内纷纷议论，积极酝酿改革的方案。上海文化局为此召开了一系列的座谈会，“与会者一致表示文艺改革势在必行，剧团体制是到了非改不可的时候了”。

这时，李炳淑家中，迎来了两位不速之客。

他们是《解放日报》的文艺记者。对方开门见山：你这个名满天下的“白娘子”，社会影响那么大，难道怕无人帮衬？再说中央已经出台了政策，此时再不响应，更待何时？

李炳淑动心了。

不几天，剧院又出台了“自愿结合，相互协商，组织安排，领导批准”准则，声明三个团打破壁垒，自由组合。

1983年李炳淑在承包团演出《龙凤呈祥》

人手问题解决，不干还等什么？

头牌花脸李长春来找她：“炳淑，我和你一起挑梁，怎么样？”

长久以来的合作者刀马旦于永华、小生陆柏平、小花脸萧润年和金锡华加上花旦陈朝红、武花脸李金红、武生郝瑞亭、老旦张秋伟……相继赶至，纷纷集结在李炳淑麾下。不消多久，一个行当齐全、包括了老、中、青三代演员和舞美、乐队、剧务、会计甚至伙房在内的七十二人的“李炳淑、李长春承包团”呼之欲出。

签合同当天，有记者对细节作了报道：

> 2月4日，上海京剧院二团实验演出一队、二队（作者注：一队、二队即后来通称的“童祥苓承包团”和“李炳淑、李长春承包团”）和院方签订承包合同，并为此举行了隆重的签字仪式。上海市委宣传部长陈沂、上海市文化局长李太成出席了签字仪式并讲了话，表示赞成和支持。这两个演出队分别由童祥苓和李炳淑、李长春为代表，试行期为一年。在一年的试行中，国家发给童祥苓所在队百分之八十工资，其中百分之二十作为浮动；发给李炳淑、李长春所在的队百分之七十工资，其余百分之三十作为浮动。浮动工资由他们自行补足，各项开支均由他们自己负责。建队后，他们将根据本队的情况制定建队方针、管理制度与分配的方法。
>
> （《上海戏剧战线体制改革正在积极推行》，《上海戏剧》1983年第2期）

同年，夏慧华、齐淑芳、马博敏也先后成立了承包团，五支队伍，各自扬鞭驰骋。

春天，早早拉开了帷幕。

三万人雨中看戏

1996年秋天，上海京剧院热热闹闹地进行着一桩可以入史的活动：“上海京剧万里行”赴西安、成都、重庆、武汉、岳阳、长沙、广州、深圳巡回演出，征服了六万观众，京剧的磅礴大气之风引人瞩目，影响一时无双。年轻演员七嘴八舌议论：“这怕是我们头一回走这么多地方？”“观众数量肯定打破了纪录！”

其实，早在十三年前，李炳淑、李长春承包团就已走过一条艰难的演出之路，演出时间、场次和观众数量都大大超过“万里行”。和“万里行”不同的是，承包团以贫苦、落后、闭塞的农村为重点，送戏上门。好些人一辈子都没看过一场戏。这场戏，足以成为他们贫苦人生中一抹难得的亮色。

在浙江三门演戏时，正值农历四月十八，赶庙会的群众听说“白娘子”在此“亮相”，便来到剧团驻地，非要用香火来参拜。李炳淑着急了：我不是神仙，只是个演员。群众坚持：你要是不是神，怎么能进得来我们这穷山恶水？三门在抗日战争中，因为山路难行，连日本鬼子都没能打进去。后来，还是当地领导出面，方才为她救驾解围。

开戏前，农民们扶老携幼鱼贯而来，比赶集还要热闹。演员还未上场，剧场门口的大喇叭就震天响：“剧场已满，别再进人了。”可惜无人理会，喇叭声成了盲人脸上的眼镜——做样子。工作人员关上铁门，拴上铁链，严阵以待。但人群一冲，铁门哗啦啦就垮了。

这阵势惊动了电台、电视台、各大报社的记者们，浙江电视台为此组织了专访；省文化厅召开干部会，专题讨论如何学习承包团的经验，为本省剧团改革启发思路；从上到下，热度惊人。

露天搭台，最怕来雨。可是，在浙江义乌演出时一场瓢泼大雨，却成了最佳试金石，台上台下的胶合默契，可称难得一见，荡气回肠。

这一幕，被在场细腻感性的文化人描摹得纤毫毕现：

> 那是今年四月二十一日，留雅大队的农民像过年一样，张灯结彩，敲锣打鼓，欢迎上海京剧院二团二队（作者注：即通称的“李炳淑、李长春承包团”）的到来。不少人家贴出了对联，其中有一副写道：“李炳淑送戏下乡，胜过当年梅兰芳”。农民们的心情正如村口悬挂的大红标语所写的：“有好戏自远方来，不亦乐乎。”
>
> 演出分日夜两场。一早，附近五个公社，百余个大队的农民便穿着新衣，驾着拖拉机，成群结队地来到广场戏台前。戏台是留雅的农民花三千元，临时搭的。近中午时分偌大的广场已经人山人海，水泄不通，连周围的房顶、围墙、树上都蹲满了人，估计总不下三万（夜场也将近三万人次）。正值此时，天公不作美，一场大雨倾盆而下。许多人没带雨具，居然就纹丝不动地等候着。下午一点，演出开始，锣鼓一响，雨中的农民也兴高采烈，鞭炮齐鸣，以示庆贺。这时即便带

着雨伞的观众，为了不影响后面的观众，也都自觉地把伞收了起来，淋雨观看。在以后的演出过程中，大雨时断时续，太阳时现时隐，人们的身上也随着变幻：淋则湿透，晒则蒸腾。那由几万人身上蒸发出的水汽形成白雾，腾腾上升，可谓大观者也。然而，湿透时的寒噤、蒸腾中的闷热，竟未能使他们后退一步。那大雨哗哗的声响，那烟雨茫茫、白雾腾腾的遮盖，也丝毫影响不了他们品戏的雅兴。他们聚精会神，时而为善良而遭受不幸的人物唏嘘落泪；时而为豪门恶霸的丑行发出愤愤的诅咒；时而为封建士大夫的忘恩负义嗤之以鼻；时而为终于结成伉俪的青年男女放下心中的一块石头而由衷欢笑。他们为演员婀娜窈窕的舞姿赞叹不绝；为眼花缭乱的武打大声喝彩；为悦耳动人的唱腔摇头晃脑，以至情不自禁地跟着哼上两句……

……

李炳淑演白素贞，自1980年上银幕后，可以说誉满全国，达到了和观众见面的饱和点。电影放了，电视播了，该看的人都看了。可是三年后的今天，人们依旧怀着极大的热情，要一睹真“白娘娘”的风采。自然，越是名盛对演员的考验也越加严峻。看来李炳淑是很懂得这道理的。你看她，边护着许官人边拦着高举龙泉宝剑的青儿。惊怕中蕴含着脉脉温情，乞求中传递难言苦衷。传神入情，凄楚动人。接下来，该是“叫官人莫要怕细听我言”那段如泣如诉、柔婉断肠的“南梆子原板”了吧。那强烈的艺术感染力，怎不叫知音们如痴如狂呢？你看他们，个个水淋淋、湿漉漉的，额际淌着水滴，辫梢挂着雨珠，却全不在意。

……

别以为攀爬在戏台木栅上的几位观众是“开后门”占尽了看戏的优势。他们可是最不得安宁最辛苦的人了。只要台上一有漏雨，他们就得翻身上顶，冒雨补漏。要没有他们，许仙怕早在急遽跌滚的“吊毛”中摔坏了尾骨；怀着身孕的白素贞怕也有不慎滑跌、早产梦蛟的危险了。

或许一分钟以前，这儿还笼罩着滂沱大雨。那该是怎样的一种

三万人雨中看戏的奇景

情景呵！——广场上灰蒙蒙一片，戏台被雨雾遮掩，变得朦胧了。雨点噼噼啪啪抽打在人们的头上、脸上，又迅捷地汇合成一股股细流，直灌人们的衣领，裤腿。人们简直被雨鞭抽打得睁不开眼，张不开嘴。但他们还是极力瞪大着眼，分辨着形象模糊了的角儿；他们还是张大了嘴，发出会心的笑声……

我想要是当年做过义乌县令又以《观潮》一文流传于今的周密，看到这蔚为壮观的一幕，怕也会像赞叹钱塘江大潮似地，不由自主地惊叹一声："留雅之雨中看戏，天下之伟观也。"……

（张重光《京剧演出奇观——三万人站在雨中看戏》，《上海戏剧》1983年5月）

台上是戏，台下何尝不是戏？

这些泥痂和汗腥来不及洗净、浑身冒着酸臭味道的农民，进了城，说不定会被刻薄虚荣的人们嗤之以鼻，但在这里，他们成了让人感佩震撼的真正主角，老天爷那一通瓢泼大雨，不过是烘托这群英雄们的道具而已。

西方的剧院，观众们要西装革履、精心装扮；但露天搭起的临时舞台下，谁敢说这些雨冲不走的人们不是最好的观众？

今日，即便是天王巨星们的演唱会，如遭此大雨，是否能拥有如此忠心赤胆、不离不弃的三万大军？我深深怀疑。

显粹与受罪

下乡途中，两句话来回地在李炳淑的脑海中闪回。

一句是人前显粹，人后受罪；一句是在家百般好，出门万事难。

这两句拧在一起，就是一双好看磨脚的高跟鞋。

观众的热情大大出乎她的意料，演出前戏票必定早早告罄，一开场，过道都挤满了人。一天三台戏，从早演到晚，连龙套也腰酸背痛，但观众越看越带劲。想减去几场，剧场经理发了愁："这怎么跟观众交待……"

她哑然，心里却踏实了。谁说京剧缺观众？基层观众何止千万！不下乡，演员闲得长毛发霉，观众却像涸辙之鱼……好容易来了，还不铆着劲儿多演几场？谁知道他们这一次看了戏，下一次又是在什么时候。

好，演！

每到一处，打炮戏是《秦香莲》。李炳淑、李长春、李永德"三鼎甲"一同上阵，三人戏份均衡，既热闹也不算太劳顿，观众买账，演员卖力，最为圆满。

这之后，李炳淑就要辛苦了。戏迷多是冲着她来，一定要她拿出代表作——全本《玉堂春》，全本《宇宙锋》，这两出戏最动元气、伤体力。《玉堂春》的"会审"，她一跪就是四十五分钟。大热天，从里到外泡在汗水

承包团演出《二进宫》，前景左起：李永德、李炳淑、李长春。

里，湿透了又捂干，捂干了又湿透；冬天里下半身冻得发麻，演完戏关节像被熔炼在一起的铁疙瘩。膝盖是脆弱的部位，一来二去，落下了病根。

实在撑不住时，她希望能演《凤还巢》、《龙凤呈祥》，这是她的歇工戏。

休息是不可能的。

免不了感冒，嗓子不适也得硬着头皮上。时间一久，原本光润透亮的声线像被撕了毛边的纸，丝丝拉拉地可怜。去看医生，被严肃告诫："声带已经水肿、突起，容易形成小结，要减少用嗓。"

怎么办呢？从早到晚地演，观众如吃流水席，自在过瘾；演员就像炉边的大师傅，擦汗也得忙中偷闲。剧场经理常常要求加戏："只要不重样，就行。"

为了既让李炳淑少受罪，又让观众满意，其他演员不得不灵活应变：

刀马旦于永华临时排出了全本《杨排风》；

花旦陈朝红拿出了自己"压箱底"的《三不愿意》。

……

为尽快恢复体力，中场休息时，李炳淑得迅速吃下一碗蛋羹；演出之前，一向遵循"饱吹饿唱"原则的她，不吝银钿，要喝下一碗鸡汤补气。对李炳淑来说，演戏已经不是享受，而是挣命了。

她是承包团的带头人，不能太把自己当"角儿"。

也没法当"角儿"——农村卫生条件差，洗澡没有淋浴，只能凑合擦一擦，厕所也都是露天，夏日里粪便发了酵，高浓度的恶臭似乎能钻进骨头里。最要命的是，临时舞台离厕所不远，正唱着，一股不合时宜的风吹来，满嘴瞬间被灌满了浓烈的臭气。

"那，那怎么办呢？"讲给年轻演员们听时，他们个个大惊失色。

"咽下去接着唱呗。"

这还不算惨，惨的是内急时如厕，却见满地粪便，实在无落脚之地，只好憋着又跑回来。

……

跟剧院签订的合同规定：毛收入的五分之一上交剧院，其余归己。为了能让大家得到更多实惠，李炳淑精打细算，能省则省。

在“大锅饭”时代，演职人员的行李被褥、舞台装置等要雇人搬运，一上一下得花三百多块。如今，领导、主演身先士卒，大伙肩扛手提，让这笔要流出的钱又哗啦啦流了回来。在浙江嘉兴，住处离车站相距一里路，李炳淑到底没舍得花钱，大家如蚂蚁搬骨头一样将几十个大箱子挪到了车站。

为了省钱，旅馆是不住的，就在后台，秸秆垫子洋溢着清新亲切的农家气息，但雨天也会坦然地冒出股藏不住的霉味。窗户十有八九没玻璃，只好糊上报纸。

两位伙房师傅工作量大，但决心不再雇人。大家于是轮流帮厨……

钱袋子勒紧了，各人收入明显提高。先前在京剧院演出一次，每人辛苦费两角；如今涨了十倍，两块。一年下来，靠着最高一块钱的戏票，竟然人均收入一千多块，全团净赚九十六万。

这在当时相当可观。

另一堆数字更让人震惊：承包团全年演出264场戏，李炳淑个人演出196场，上座率99.8%。

一年，演完了过去十年的戏。

有人望望憔悴不堪的李炳淑，悄悄耳语：“再这么下去，非累死不可！”

“童李齐下（夏）马”

一年合同期期满，正是1984年农历大年初三。天地间被鞭炮的碎屑染成了红色，洋溢着浓浓的喜气，上海京剧院却有些冷落萧条。

童、李、齐、夏、马五个承包团都没有续签合同。

有人在暗处嘀咕：“童李齐夏马，真是‘下马’了。”

同样是春天，却没有春天该有的味道。北风呼啸，花圃里只几棵枯瘦的蜡梅有一搭没一搭地开着。

“炳淑呢？”同事们相互打听，“怎么不见她有什么动静？”

她太需要休息了。

80年代在安徽广播电台做节目（右一为王少舫）

过去这一年，先不说自己主演的那196场戏——这196场不比在上海演出，五六天就要换一个地方，有时夜场戏演完，卸完妆还要带着行李连夜赶路，到了新的地方，往往凌晨三点钟才能入睡，天亮了又要继续演出……承包团在浙江，竟然连着演了100天；转战安徽，又是两个多月。

据医学家们说，出差最多不能超过60天——这是常人心理生理可以忍耐的底线。

如今的院团出外演出一般不过二十天。

“再长了，矛盾就出来了。”当年的承包团书记、今日的上戏剧院经理王经博如是说，“所以，李炳淑承包团创造了某种奇迹。”

造就奇迹的秘方是什么？

好像很难讲得清。但不能缺少的一个因素是20世纪80年代的精神文化，人们可以将个人要求降到较低水平，高度服从组织安排。当然，承包团已经到了临界点上——1985年之后，对生活品质的要求将逐渐进入大众视野。

回归正文，“童李齐下马”已经成了一桩不可更改的事实，京剧院的承包责任制偃旗息鼓，从此消停。

何以一年前刚刚上马的体制改革，这么快就遇到了瓶颈？

除了辛苦之外，还有值得驻足和回望的理由吗？

……

几个月后，《中国戏剧》发表了一篇安志强的《成功之路始于足下——上海京剧院改革见闻》，触及承包团下马的若干原因：

……五个承包队都要排新戏，由于目前经费尚且不足，有的剧目由院部拨款资助，有的剧目则由承包队向院部借贷，对待不一，自然引起不同的意见。由于大部分演员参加了承包队，二、三路的演员不够用，往往降格以求，整个阵容难以整齐。而更值得重视的一个问题，是“大锅饭”的习惯力量仍然顽强地潜在着，例如去年承包队的分红基本上还是按照“大锅饭”的办法分红，主演同一般演员差别不大。比如，李炳淑、李长春各多收入了三百多元，其余的演员则各多收入一百二十元、七十元、五十元、直到二十元不等。其实，细算算李炳淑、李长春多收入的数字，以演出场次平均，每演出一场只不过比别人多收入了一元多钱，这同他们的劳动量相比，是只少不多。所以，目前上海京剧院在组建承包责任制演出团（队）的方案里，对分红作了分甲、乙、丙、丁四等的规定，四等比值为4∶2∶1.5∶1。实施这个规定，看来要经过一番剧烈的思想斗争。

承包演出确实不比在城市里吃“大锅饭”清闲自在。上海京剧院在承包一年多的时间里，由于对未参加承包的同志难以作合理的安排，致使仍有近一半人在城里吃“大锅饭”。这些同志当中的某些人不但不支持承包，反而甩风凉话：“赚的钱倒是不少，可买了一个外地户口！”于是，有的参加承包的同志开始动摇了。

文中涉及的问题首先是排新戏。京剧演员搬演老戏当然必要，但新剧目的创排并不因此就退居其次——尤其是上海京剧院这样的国家大院团，它在业界的示范性一在演员，二在剧目，新剧目的水平彰显着它的实力和后劲。再者，李炳淑人到中年，艺术水准和影响力均达一流，她也希望趁热打铁再出佳作。可惜，下乡演出已让精力、时间所剩无几。

其次是分红。李炳淑自小厌恶角儿做派，承包之后，她刻意和“角儿”谨慎地保持距离。这种思想反映在收入上，体现为她宁愿向“大锅饭”靠拢，尽量缩减等级差距。她以为吃点亏，换得大家欢喜圆满，值得。但个人想法不同，在她看来已经是委曲求全，有人却未必买账，以为她的总收入还是太多了，这多少有点让她伤心和无奈。后来倒是实行了

4:2:1.5:1的等级制,但那已经在承包时代之后了。

至于“外地户口”之说,并没有成为李炳淑的困扰。但无法照料上小学的女儿,到底是当妈的一块心病。

原因种种,李炳淑承包团到此结束。

胡耀邦:“这么干太苦了!”

1984年8月下旬。北京。

中央人民广播电台举办地方剧种名家演唱会,特邀李炳淑、童祥苓代表上海京剧院前去参加录音。

活动间隙,著名粤剧演员红线女特地来找她:“炳淑,你和祥苓有空吗?胡耀邦同志来电话,说明天想见见我们。”

李炳淑预感此行必定不只是普通的寒暄。

果然,当三人赶赴中南海胡耀邦住所时,胡耀邦的问题印证了她的想法:“听说不久前你们搞了承包?情况怎么样?”看来,他并不清楚承包已告一段落。

李炳淑心里打鼓。今天这席谈话,免不了尴尬。

她和童祥苓互相补充着把整个过程讲述了一遍。

胡耀邦的表情耐人寻味。既不像预想中那样惊喜激动,也并不失望,甚至李炳淑讲到“童李齐下马”的窘境,他也不觉得有什么奇怪。

只是,在听说承包过程中的艰难困苦时,他的眉头蹙了起来:“这样搞,太苦了!国家养得起你们,何必出去受这个罪?票价不过一块钱,能挣多少呢?……”他缓了缓,平静了一下情绪,又道:“应该把精力放在艺术创作上,出人出戏。”

李炳淑心里涌起一阵热浪。

先前不是鼓励支持承包,何以胡总书记又吐此言?……但无论如何,他的眼里没有矫饰,说的也都是实话。

胡耀邦就是胡耀邦。

撇开感情色彩、单单从经济角度看,当时李炳淑小组闯荡天下,一来

1983年在承包团演出《武家坡》

缺乏灵活多样的营销手段，二来规范完善的文化市场还未成长起来，想要持续发展，难如登天。

时光一晃将逝30年。

戏曲院团的体制改革依然没有画上句号。历史打了个回马枪，一些剧团又自己养活自己了。市场化、企业化一波连着一波，将犹犹豫豫的演员们果断地卷入水去。呛水是免不了的，本事高大的转身就凫得起来，兴许还能推波助澜，舞弄出一番精彩世事；本事不济的不但成了落汤鸡，恐怕会有性命之虞。上海京剧院作为国家重点院团，仍然保持了事业单位性质。可以不用那么辛苦劳顿。

山高月小，水落石出。那一段承包的历史，多年之后，仍然显露着可以总结的价值。比如精简队伍，比如强化锻炼，比如市场开发……2008年的《文汇报》上，有一篇《京剧市场出现复苏迹象，逸夫舞台自然票房增长》，记者说，票房增长的原因是"天津京剧院派出几位名角，利用上海京剧院的班底来进行演出，从而降低演出成本、活跃京剧市场"，取名曰"走马换将"。

这不就是当年的"承包队"吗？虽然，有耐心去检索这段岁月的人不知有几个。

回首有情风万里，渺渺天无际。

承包团时期演出《秦香莲》，李长春饰包公，李炳淑饰秦香莲

20世纪90年代末李炳淑在香港主演《宇宙锋》，张达发饰演赵高

铜壶玉漏催凄切

——《三娘教子》折子戏与全本

经典折子戏，是以多方位的姿态被人记住的——精娴于艺的票友们记住唱腔和身段，目不识丁的农妇们记住故事和道理，有人记住一块红手帕，有人记住一团白水袖，或者是一声叫头，或者是一个抢背……好久不看，即便细节已不清晰，但记得的那个部分被放大、固化，蒸发了水分、抽离了浆肉，变成了一粒结实坚硬的干豆子，倘若再泡进水里慢慢熬，又能生出原先没有的好滋味。每熬一次，味道都会有点差异，互相补充，又成全了一个丰满多面的好戏。

比如《三娘教子》。

"三娘"曾是香饽饽

它凄楚典雅的二黄曲调让戏迷们爱着，爱恨交加的情感让妇孺们迷着。王春娥的悲伤愤怒、老薛保的忠厚仁慈、薛倚哥的天真顽皮搭建出一个斑斓的三面体，让你的感觉不至于像一把宝剑那样太尖锐，而是被调和抵消了。王春娥含辛茹苦地抚养非亲生之子，分明有英雄气，她若男儿，也是个能有作为的；老薛保以至诚之心调处母子矛盾，恳切深情，让人不胜唏嘘；薛倚哥说出了伤人的话，但本质善良，天真无邪，长大了错不了。短短约五十分钟的一出折子，因为展现了这三个虽非至亲却亲情浓厚的人物，留在了万千人的记忆中。

中国百姓的道德水准千百年来居于不坠，多要拜托《三娘教子》之类戏朴实无华的高台教化。这个受传统文化影响的农村妇女，吃苦耐劳，勤俭持家，望子成龙，意志坚定，堪为当今中国人楷模。长久以来，京剧、豫剧、秦腔、晋剧、蒲剧、川剧、河北梆子……争先搬演，梅派、程派、尚派歌唱不绝，远的不说，近者如张君秋、李世济、李蔷华、李慧芳等，各有千秋，让流派的追慕者们如痴如醉。

李炳淑早在戏校时，便向杨畹农老师学过梅派三娘。彼时年纪轻，根基浅，重在模仿，只求不走样。但到了20世纪90年代，她重新打量这个被唱了无数遍的三娘时，心底五味涌了上来。这不仅是因为阅历的丰富、思想的成熟；也因为她艺术上从梅派出发、吸收了张派、又发散到现代戏和银幕艺术，最终又回到梅派传统戏，这一番比“之”字还要曲折的艺术之旅，丰富了她对流派的理解，也让她的梅派早已超越了当年所认为的那个只要精准、和老师一模一样就算成功的水平，能够从心所欲不逾矩了。除了这两个原因，恐怕还有一层不能与外人道之的心头之痛——此时的李炳淑，年过五旬，歌唱技术圆臻，扮相也还可观，身段表演洗练……硬件无一样拉她后腿，可戏曲最好的时代过去了，剧院的剧目方针改弦更张，“三娘”这类积淀深厚的传统戏成了帷幕旁手脚局促的小字辈。不演，放不下自己对传统戏的那份惦念；演，连乐队和演员都难以凑齐……“江水英”的胆识智慧、“白娘子”的神通广大统统消失不见，徒剩下进退维谷的苦“三娘”。

折子戏《三娘教子》的最终圆满，还要拜赐京剧“彩霞工程”。这让李炳淑几十年来的梦想有了皈依之处，她的“三娘”，也有了合心合意的栖身之所了。

“教子”魅力在何处

演员和角色是否适配，是一部戏能否在观众中落好的极重要的原因。

影视界尤其看重这一点，比如87版《红楼梦》，海选加内部培训加最后甄别，费尽功夫才打磨出那么一群演员与角色贴合得天衣无缝的姐姐妹妹。

李炳淑饰演的三娘

《三娘教子》剧照，李炳淑饰三娘，陈少云饰薛保，郑爽饰薛倚哥

李炳淑的“三娘”在这个层次上是合格的。她先天的身量、扮相、举手投足，都合乎“三娘”要求。不像有的太过丰满富态，绝无半点受苦的气息；有的眼神过于锐利，缺乏被生活打磨的沧桑；有的浮肿衰老，已近乎“三婆”；有的又太文弱秀气，无论如何也不像一位撑得起家业的主母……还是那身青褶子，梳大头，典型的青衣打扮，俗话说的“戏不保人”，可就是让人觉得饱满惬意。就像腌渍得正好的雪里蕻，你饿得发晕想要饕餮一顿，它自然入不了法眼；可当你只想啜一口白粥，这就是绝妙的搭档。万事求的就是契合，《三娘教子》里，李炳淑的王春娥一出场就契合了观众对于人物的所有想象，这就熨帖了，莫逆于心了。

有的王春娥平板僵硬，从里到外寡淡得如白水一般，立在那里等着胡琴并不漫长的过门时，真的就是“等着”。观众也只好眼巴巴等着这个穿着戏装的陌生人在那里不尴不尬地鹄立。好容易捱到张嘴，观众终于暗暗吐出一口气：台上人终于“活”了。唱念如果受听，多少能消弭方才的众怨，下一个停顿处更长的“等着”似乎也不那么面目可憎了，可以闭上眼，用刚过去的唱腔来填补无聊的空白。——停停！这难道不是梅兰芳先生之前的“青衣”做派吗？而戏剧史里确乎写着已经翻过了这一页，怎么时光倒流、青衣又可以不讲究地到了这种地步？个中原因，说不好，也不好说。还是收拢了话锋，来看李炳淑如何演法。

胡琴声里，王春娥上了场，开头的两步并不慢，不像寻常青衣的蹀躞之态，倒显得颇为洒落。这样的走法合适吗？细想想，也不错，丈夫去世、家里倒了顶梁柱不说，大娘二娘又瓜分家产各自去寻快活，只留下老家院和小薛倚。若没有点胆子和气魄，是不敢接过这个“家”的。因此，骨子里有点英雄气的三娘，可以不那么仪态万方地“轻移莲步”。

到了舞台中间，她顿了一顿，抬起脸儿，好似正打算跟观众说些什么，却又放下眼帘，轻轻地摇了摇头，一派欲言又止、不知从何说起的情状。请注意，这只是三娘生活中普通的一天，她无法预知接下来薛倚哥会叫她痛苦伤心，因此不必一出场就把悲情写在脸上。日子是捉襟见肘，但也慢慢习以为常，即便有苦处，也应该像骨头一样裹在肉里——这是个坚强而有韧性的女子。

她开了口，“王春娥坐草堂自思自叹……”这是一段极讲究行腔的【二黄慢板】。很多人眼中，【二黄】像一位行吟的忧郁诗人，带着绵长而滞重的悲伤，已经很让人伤情了。再加上【慢板】，悲苦得已然要凝结出水露来。不，那不是水，是酸中带涩的眼泪！而且不能畅快地流出、是从你的喉头哽着咽下的。因此，人们当然会认为，不管你愿不愿意、受不受得了，【二黄慢板】总是那样不紧不慢地、让人窒息地展露着痛苦。当然，戏迷和票友也从这不紧不慢中寻找和咂摸着讲究的快乐。

外行耳中，李炳淑的这段唱并不是一次冗长而枯燥的听觉苦旅，而带着意想不到的弹性和光泽、俏皮与灵气；而内行则听出了她有润腔的技巧、偷气的窍门、劲头的把握、声息的张弛，虽然找不到她的肯綮和秘诀，却分明看出与二三流演员有着云泥之别。她的歌唱游刃有余地裹在胡琴声里，巧妙地发挥着小腔，气息似乎将到尽头，又不绝如缕，一阵阵神奇地丰沛起来。她的唱腔是让人容易一见钟情的，但也细腻非常，值得你细细品味，而且能品出世外仙姝的清丽和高洁来……

…………

看到此，读者恐怕要恼：一个出场几句唱何来如此多废话！如若整折戏都这么个写法，岂不是要敷衍成厚厚一本？可笔者偏偏要将这一段不厌其烦地写细写足，为的是尽量匹配演员刻画人物的细腻和丰富，也为了说明，开场且如此耐得咀嚼，可以想见后面的冲突该是怎样一副精雕细刻的模样！可惜，表演的韵致和感觉，只有坐在剧场里亲眼看一看，才是最贴切、也最完整的。动笔一写，终究是飘了，隔了，笨拙了。梅兰芳先生的手势、帕瓦罗蒂的歌声、乌兰诺娃的舞姿、蒙娜丽莎的微笑……哪一个又是能用文字说明白的？

闲话少叙，还是来看接下来的戏。

有一位专情于《三娘教子》的戏迷，曾如是玩味倚哥的上场：

> 倚哥儿从上场门“走啊”一声，迈着似乎老成的方步，从里唱到了台口。……转到油皮的啊啊、啊啊！……加上包头师傅有意留一小撮头发。翘在额头侧边，把一个似乖且皮的小孩儿，表演得多么生动和真实，滴滴刮刮是娃娃儿的常腔怪调。而这样一种表演形式，时下的话剧大导演是怎么也瞧不起的，可也未必编导得出来！

有了这个顽皮小孩，悲苦的气氛立即被割开一条大口子，透出些轻松可喜的色调。观众席里有人忍不住发笑，也忍不住联想：三娘有这么一个小活宝，纵然苦累，在闲暇大约也会有一丝情不自禁的微笑浮上双腮。哪个娘，不是一半忧愁一半开心？可是，小家伙也会“说出话来如钢刀”——他不知受了哪一个的撺掇，竟然对着三娘没轻没重地揶揄“我说妈呀，你要打，生一个打，养一个打，打人家的孩子，好不害羞，好不害臊！”这赤裸裸的刃儿，捅得人五脏六腑失了颜色，狠狠地让三娘心痛了一把。可以想见，这是被玩伴讥嘲的结果，小孩子间骂架的你来我往，何尝不也是“如钢刀”、怎么解恨痛快就怎么说？可是，观众倒也不跟黄口小儿动怒，甚至三娘被气得叹一声“天哪！”，他接一句“地呀！玩去喽……”时，观众仍用笑声送他下场，再换一副凝重的神色，来同情和回应这气得不出一言的母亲。

到此间，局势已然铆上，如没有第三人从中调停，这戏断断是下不去了。这时，出来了一位最合适不过的老家院，动之以情，晓之以理，又是转着弯儿地称颂母亲，又是教孩子主动讨罚……以千斤之力，不吝跪下双膝，洒下珠泪，正话反说，反话正讲，终于拨动了三娘心上那一颗沉甸甸的秤星。母子们不计前嫌，重归于好。

这个过程里，人们看着热闹，也陪着伤心。三娘的苦衷和坚韧，老人的深情和道义，像一把锐利的锥子，深深地镌刻进人们的记忆，不知不觉间，一册中华道德教科书慢慢写成。

甘洌动人"后机房"

全本《三娘教子》又名《双官诰》，故事本自明末清初戏曲家小说家李渔的《无声戏》。就其艺术性而言，首尾均甚平庸。此戏在过去曾被列入所谓"第三类剧目"，即"有问题"的戏，据云是有封建主义毒素，诸如寡妇守节、望子成龙、奴隶道德等。今天来看，只能视为戏曲理论"在初级阶段不可避免的幼稚病"而已。不过，"机场教子"一折，始终是名角的看家本事，戏迷的心头大爱。

谁能想到，这样一出紧凑精致的折子戏，又被扩充为一部大戏，由李炳淑等搬上舞台。而增添的部分，竟然让人感觉力量并不逊于"教子"，且能与其形成全剧双璧，这就不容易了。

这是1997年的事情。

杨畹农先生的弟媳张君萍女士乃是李炳淑的一位故交，老太太原为黄埔京剧团的当家花旦。退休后有了工夫，自己琢磨、改编了一些老戏。她将新完成的大戏《三娘教子》交给李炳淑，请杨先生的高足"提提意见"。

李炳淑读完剧本，击掌叫好。

老太太大半辈子泡在戏里，戏情戏理见得多、想得深，写出的唱词本色当行、无一丝匠气，此外又择掉原先剧本不少水词赘语，加快了演出节奏。最厉害的是新编了一折"后机房"，说的是王春娥染病，薛倚哥向大娘、二娘要钱买药无果，他为母治病心切，竟然在雪天里伏街乞讨，回家后却被三娘误解而挨打。老薛保心痛阻拦，薛倚哥含泪说明原委，一家人抱头痛哭……那个让人操心不尽、担忧不迭的小苗儿，果真不辜负三娘调教、老薛保呵护，正正直直、健健康康地成长起来了；那张曾经伤人的利嘴，现在也能说出让人满心暖和的体己话儿了；宁肯自己委屈，也要死命地保护娘亲，不叫她动半分气生半分急，虽则最后以哭收场，可是哭里升华了真情，汇聚了孝心和爱意。这不是对"教子"极好的呼应和补偿吗？这个苦三娘，终于圆满了！

这一场的唱念含金量和感情浓度，绝对不比"教子"差！

如此改编，并不唐突剧情，自然得好像从原作中长出来一样，没有半点嫁接的硬伤。老太太能旧瓶装新酒地改到这样境界，自己难道就不能移步不换形地演出个让人接受的全本《三娘教子》？她决定要将剧本搬上舞台。

李炳淑在看剧本时就已想好人选：麒派老生陈少云如能饰演老薛保，最好不过；曾经跟上海戏校的学生郑爽合作演出，他聪明伶俐，演薛倚哥合适……

此时，院里正在排演连台本戏《狸猫换太子》，陈少云饰演陈琳，戏份很重。他急公好义，又向来敬重这位大姐，想出个兼美的法子："各人先排好自己的戏，找空档对一对，就行。"

主要演员都是老戏骨，不难。

十一岁的郑爽要卖力些，须多跟李炳淑排练几次。他天生颖悟，一点就透，排练着眼泪啪嗒嗒就往下掉。大人们心疼又惊叹：这娃娃长大了如何了得！

借着《狸猫换太子》修改剧本的几天停顿，《三娘教子》剧组不紧不慢地响排、彩排，一切比想象中还要顺利。

服装、化妆、灯光、乐队、舞美……都不需大动干戈，老戏路子就好。

新编全本《三娘教子》终于热气腾腾地出炉了。剧情流畅，线条干净，感情浓烈，繁简得当，并无新编戏常见的"排异"之感。台下唏嘘和掌声交织得密不透风，前后"机房"两折，几乎每唱一句，观众都有一阵飒飒掌声。两个半人物，赚尽了风流。上海电视台戏曲频道录制了实况。第二年，中央电视台又专程录像，并在戏曲频道“空中剧院”播放，大江南北的“三娘”迷们得以一睹风采。

老戏之“老”，不只是说历史悠久，也有一层讪讪的冷落之意。廉颇老矣，尚能饭否，不外乎说的也是好强和不甘。但谁也不能否定，老也有老的力量，老的积淀，老的味道，那么多沧桑的灵魂，总埋在箱底酣睡，可惜了。李炳淑唤醒了三娘，功在不舍；之后还会有人或着意或偶然地张皇幽眇。盛世中华，家底是厚实的。

“王春娥坐草堂自思自叹……”胡琴又起，旧弦新声混杂，一度电声乐器也夹了进来，甚嚣尘上。人心虽不古，审美力还是有的。最终，历史的会回到历史，现代的会留在现代。尘归尘，土归土。安静贤淑的三娘，细眉细眼地坐在织机旁，等她的倚哥回家。

千机云锦重，一片银河冻。

上错花轿嫁对郎

——《凤还巢》的兴味

《凤还巢》是久负盛名的“梅八出”之一。

它和悲悲戚戚的《三娘教子》相反，热热闹闹，妙趣横生，生旦净末丑齐备，酸甜苦辣咸均衡。它往往是年节大戏，场面非常贺岁，非常中国。可那段脍炙人口的“母亲不可心太偏……”明明是喜悦欢畅的西皮流水，却能让人怆然泪下。而且这一句，似乎可以引领和浓缩了全剧的精神——是喜剧，藏着悲情；是悲剧，却又被喜点缀和收尾。悲喜拥抱，可也不是人生的真相？这对演员来说，就不能那么端着，要放下，要像从生活里流出来一样自然。

它是传统戏才子佳人、金榜题名、洞房花烛的范本，但并不让人觉着俗气。出自梅门，就渗透着梅派的雍容讲究，气格是不一样的。

《凤还巢》与《风筝误》可能是远亲

有些戏曲知识的，看了《凤还巢》，会以为是根据李渔《风筝误》传奇改写——一美一丑，错点鸳鸯，才子佳人天作之合，傻男丑女地造一双，各有滋味，皆大欢喜……情节雷同得让人发怔。而编剧齐如山在《谈四脚》中如此解释——

“一次叔岩又对我说，您编的《凤还巢》一戏，是由《风筝误》变来的吧？我听了大笑，我说：你这是看的报纸，当《凤还巢》演出之

80年代初李炳淑主演《凤还巢》

李炳淑饰演的"程雪娥"凝重洗练

后，即有人在报纸上说过这话，因为报中说话是自由的，用不着分辩，你既也如此说法，我可以告诉你，我编这戏，是自明朝人的传奇《循环序》改编的，一切情节，都是原曲中有的。按这本传奇，恐怕比李笠翁还早百十来年，若说《风筝误》偷的《循环序》尚可。这都是因为戏看得少，曲子脚本看的更少，所以有这些议论。尚和玉曾告诉我：梆子腔中，也有整本的，名曰《阴阳树》，后来我找到了这个本子，果然与《循环序》大同小异。"

这不但揭开了谜底，还证明《凤还巢》与《风筝误》可能有血缘关系。戏曲剧目就是这么像发菜一样缠结丛生的。许多戏，能理出个头绪，不易。

细微处做大文章

《凤还巢》是歇工戏，轻松、讨巧，戏保人。程雪娥是个悲情闺阁，如果不是被那位丑姐姐雪雁的谐谑奔放冲淡了气氛的话，相当让人心疼。

正如戏迷调侃的那样：

> 这位程家小姐的命并不看好。既是庶出，小老婆养的，就跌了一路；亲娘早逝，又跌了一路；跟着大娘过，又跌了一路；大娘有千金，又跌了一路；大娘千金是傻大姐，这，反让其又跌了一路；老爸做大官，君不知江南谚语曰“宁可跟讨饭的娘，莫跟做官的爷”，又跌了一路；到得待闺出阁，终了父亲心愿，大娘乘机调包，庶出仍旧又跌了一路。跌尽七路，最后落荒而逃，军中寻父去者。结局似喜似悲，焉苦焉甜？

这样一位重重被跌损的雪娥，在戏里不多的几处欢喜，就显得让人注目，也成了被戏迷们津津乐道、细细研磨的话题。少一分便觉瘟，多一分又觉俗，火候难于掌握。没有一定的艺术修养，就要捉襟见肘。

比如雪娥遵照父命、躲在屏风后偷觑书生穆居易的一段。这位进退有度、起居有礼的千金，在大庭广众下撞见朱千岁都是极为难堪之事，何以能躲着人一而再、再而三地偷看一个陌生的青年男子呢？演员既要有绝好的技艺，又要有深谙世事人心的本事。李炳淑从学生时代跟着杨畹农先生起，演出《凤还巢》已不下几十次，这一段被她咂摸研究得烂熟，她以为吃准人物性格乃是第一要务，且要明晰性格层次，还要在细节分寸上细细揣摩，三处都做到极致，这段戏才能妥当好看。

她对程雪娥的表演如是设计：雪娥上来念“堂前遵父命，屏后看才郎”，因是奉父命而来，并不太过怯懦，甚至是坦然的，在小锣声中从从容容地上了场。但因是头一回做这样的事情，故而念白时，要掩不住女儿家腼腆害羞的天性。她站在虚拟的屏风后，头一次的“偷觑”因为心里没底，眼神要虚虚地向里一投，等看到了对方，眼皮微微一挑，表示感觉眼前一亮，接念：“看这位公子神清骨俊，气概非凡。”这说明，头一眼已然留下好印象。于是第二次就仔细认真，聚精会神地看清楚后，她心中满意，笑吟吟赞许：“哎呀呀，爹爹眼力果然不差。”第三次欲前又止，怕被姐姐和母亲看见，自语：“哎呀，不要在此停留……我且回房去吧。”一边走，却

李炳淑饰演程雪娥

舍不得就此折回，于是又一个转身，紧走几步，急遽地一瞥，“哎呀呀，好一个美貌的书生。”眼神含羞，以袖掩唇，微笑着下场……

就是这一段，当代诸名家演来有些许差异。细节动作上，仅仅“偷觑”就有抖袖、反抖袖、扯线穗子等，而三个层次的进度和感觉、西皮导板的抑扬轻重悲喜处理也不一样。个人气质上，杜近芳含蓄收敛，古香古色，闺阁气浓脂粉气少；杨春霞清纯可爱，干净烂漫，花甲之年不乏豆蔻风采；沈福存灵动酣畅，俏皮活泼，有一股在麻辣烫里腌渍过的生活况味……李炳淑则凝重洗练，质朴大气，线条简约，让人在看过几天之后仍然记得闺阁小姐的影子。

唱梅就是梅

声乐界流行“杂烩”，新创歌曲不少将美声、通俗、民族唱法熔为一炉，能成功在几种唱法间自由游弋的演员也会得到不俗的评价。但戏曲界绝对排斥这种糅合而讲究纯洁性。梅葆玖不止一次说：“我觉得你演什么派，你就得‘归派’。你要是唱梅派像张派，唱张派像程派，唱程派像荀派，那你就麻烦了。就好比您是吃炸酱面，给来点儿奶油，或者来点辣椒酱，这就完了，没法吃了！”

说来容易，做起来却不一定能泾渭分明。特别是梅派，人曰其“雍容华贵，端庄凝重，深沉含蓄……”，这些所谓的“特点”对于那些想学唱的人们而言，太抽象，太文学，在技术层面等于什么也没说。没办法，梅派太全面——某种意义上，戏曲流派的特点是和缺点联系在一起的。程砚

20世纪90年代李炳淑与前辈名丑孙正阳合作《凤还巢》

秋的倒仓里成长出了奇绝的程派声腔，裘盛荣浓重的口鼻共鸣成就了“无腔不学裘”，言派的儒雅恬淡，麒派的激情张扬，都有点短化成长、缺憾变成本事的意思。但梅派是例外。一脚踏入梅派世界，许多人找不到引渡的桥梁，只好徒叹“易学难工”。

“拒避”一场中，最受欢迎的那段【西皮原板转流水】，喜梅者无一不学：

【西皮原板】本应当随母亲镐京避难，女儿家胡乱走甚是羞惭。
小妹行见姐夫尤其不便，何况那朱千岁甚是不端。
那日里他来将奴骗，幸中母氏巧机关。
如今若再去重相见，他岂肯将儿空放还。
【流水】母亲不可心太偏，女儿言来听根源：
自古常言道得好，女儿清白最为先。
人生不知顾脸面，活在世上就也枉然。
强盗兴兵来作乱，不过是为物与金钱。

倘若财物遂了愿，也未必一定害人结仇冤。
倘若女儿不遭难，爹娘回来得团圆；
倘若是女儿遭了难，爹爹他定要问一番。
如今称了儿心愿，落一个清白的身儿我也含笑九泉。

旋律流畅通俗、琅琅上口，没有险腔和怪腔，学起来是容易的，即便外行也不用太费工夫，但要唱出水平并非易事。据李炳淑讲，一来嗓子要兼具宽亮与厚实；二来咬字要清晰灵活；三来要有“拉家常”般平稳的内心感觉——这是母女间的对话，女儿素日是个能隐忍的，但这回捅明了心事，把刚强和清高头一次摆上了桌面。看似落落大方，其实有不依不饶的奚落和嘲讽。观众享受的节奏快感，像嚼油炸花生米，咯嘣脆。

但这脆生生并不疏松，相反，要轧得非常结实，接近金石质地。当年在戏校时，杨畹农老师曾教诲：“梅先生的唱，早年比较刚劲，中年则刚柔结合，晚年因为气力关系比较柔婉而有弹性。《凤还巢》是他1928年演出

《凤还巢》三位“程雪娥”合影。左为沈小梅，中为杜近芳，右为李炳淑

的，刚劲儿不可少。”这一句点透了演唱的关键。梅派的“刚劲儿”，据梅先生自己说是“音堂相聚”的结果。但音来自何处，堂又在哪里？对于生涩的初学者，不见得能摸到边沿。这个词在李炳淑大脑里回旋几十年，被她磨成了粉，又一次次攒成此形彼状，她埋怨自己开窍慢，缺少一颗能与大师对话的慧心，依她的想法，梅派可不就是要“唱出骨头来”？这骨头，来自丹田气在脑腔、鼻腔的雄厚共鸣，来自如“打太极”一般源源不断的运气行腔，来自软硬之间的辩证变化——台湾歌星邓丽君的歌声听来柔美极了，好似全然不用力，其实是以强大的气息和力量支撑的——早期梅派不同，既然要唱骨头，也要地唱出骨头外包着的肉，别让人硌着、垫着，否则便不是梅了！

《凤还巢》的唱法文章，直到耄耋之年，惹得她还在想，彼一时，想透了，此一时，仿佛又远了。想累了回头看看这众态毕现的一家人，热闹着，伤心着，用轻喜剧的味道，裹着百态人生，好似一块口味丰富的夹心糖。

歇工戏也是值得琢磨的。

斯文一脉余绪在

——“温良恭俭让”

众所周知，梅派重气度。

梅兰芳的先祖梅巧玲便有热忱忠厚之气。据梅先生在《舞台生活四十年》中回忆，一次师父吴菱仙家中遇到意外之事，被祖父得知。祖父远远扔过一个小纸团儿，口里说：“给你个槟榔吃！”吴接到手里，打开看，原来是一张银票。梅巧玲用这种方式，周到体面、又不让对方难堪地帮了忙。

到了梅兰芳，他的稳重、温和、恭敬、谦虚……使得越来越多的观众在剧场之外牵挂着他，惦念着他，以至于商界、文界、戏界、教育界的精英们攒成“梅党”，死心塌地地帮持他成就他，不惜心血为他锦上添花。梅兰芳的成功，少不了个人气质的魅力。在台上，梅派或雍容、或端庄、或妙善或深沉……丰富斑斓，不一而足。台下，五个字就说尽了：温良恭俭让。

即便是被新文学巨擘鲁迅在《略论梅兰芳及其他》中峻厉地批评：“梅兰芳的游日，游美，其实已不是光的发扬，而是光在中国的收敛。”“他未经士大夫帮忙时候所做的戏，自然是俗的，甚至于猥下，肮脏，……待到化为‘天女’，高贵了，然而从此死板板，矜持得可怜。”梅也并不觉得要针锋相对地表态。顶多是在新中国成立后举行的纪念鲁迅诞辰、忌辰的活动中，作为中国文联副主席的他不讲什么话而已。

这股子气度，本来是他个人的修持，但不知不觉浸润在角色之中，又通过艺术传承给予了众多弟子和再传弟子。当然，有人学得别扭，学得走样，是另一回事。

上海的梅派梅性一脉，由戏校的杨畹农先生扎实秉承了下来。再下来，又传递给李炳淑。

温

1991年10月，应沈阳方面之邀，李炳淑莅临沈青年剧场，首场演出梅派名剧《宇宙锋》。沈阳戏迷内行而热情，剧场外人群如潮，黄牛票价钱已到令人咋舌的程度，依然供不应求。有人囊中羞涩，硬是坐在剧场门前听完一场戏。有对老哥俩，竟然特意买了价值不菲的相机，将李炳淑的演出场景尽数拍下，留作研究。鲜花、锦旗、聚光灯、掌声……铺天盖地拥抱着李炳淑。

见不得人的暗处，一场阴谋悄悄展开。

一封署名"沈阳市广大戏迷和观众"的信件几天后寄到了上海、沈阳各大新闻单位和文艺领导机关，包括李炳淑所在的上海京剧院。信的开头说："十月二十一日晚，我观看了李炳淑演出的全部《宇宙锋》。在我周围坐的观众和戏迷们反应很大，我不得不在此和您说几句话或谈几个问题……李炳淑所以拿《宇宙锋》打炮，不用说，一是她自己认为全部艺术精华或艺术魅力就在这出戏上；二是这出戏可能有其独到之处。我想，用这出戏来评价她的艺术水平，可算够格吧？"

行文彬彬有礼，不失恳切，甚至还藏着一丝让人颇有好感的谦虚。看来，这是一封探讨艺术的信件了？可是，当下面的文字跃入眼帘时，读信人不免有点意外。

"在唱方面，只能说她唱的是梅腔，嗓音难听而不宛转甜润，根本谈不上有什么梅派的唱腔特点。在念白方面，就无法评价了，根本无辙、无韵、无律，字音不清，根本不会念白。在表演方面，她所扮演的赵艳容具有上海阿飞和八十年代失足女青年醉酒的神态、笑声……"

很明显，写信人不但缺失基本的艺术判断，更谈不上内行，而且字里行间充斥着浓烈的火药味。他说是"广大戏迷和观众"，但文字泄露了他的身份——分明是隐藏着强烈个人恩怨、扭结着深深仇恨的宿敌。再后面的行文，威逼加谩骂，口气愈发肆无忌惮："李炳淑知不知道天多高地多厚，脸皮又多厚？你是谁呀？票价两元，你不要以为这样做比偷比抢好听，实质是撞骗，也是犯罪，非法索取人民的财务。劝你降价，不要做图财害人的凶手……"

后院着了火，李炳淑却一无所知。

直到观众来电纷纷问候，辽宁省和沈阳市的各级领导亲自上门慰问支持，戏曲界名流来剧场看望，司法工作者建议她起诉并愿作她的律师……她方才知道自己成了靶子。可是，但当她询问信里具体写了什么时，却没人敢接茬儿。

"话太难听。你看了要生气。"一起赴沈的搭档金锡华摇摇头，"还是算了。"

老天似乎要试一试她的定力。

不知哪个大意扔在地上，那封信展露了身体，在一个墙角向她挑衅了。她捡起来，飞快地扫了一遍。能感到一支毒箭冷飕飕地从背后飞过来，挟仇带恨，欲置之死地而后快。这是谁？自己小心做人，谨慎做事，看到蚂蚁都抬起脚，何曾得罪过人呢？而且燃起如此熊熊的怒火？

李炳淑扪心自问，实在没有什么要理亏气短。接下来的日子她一如往常，吃饭、睡觉、吊嗓、排练，件件不耽误，照旧谈笑风生，举止自如。看到别人三缄其口、迂回婉转地表示同情时，她回应："没事的，李炳淑不是面捏的，受得住。"

她越是平静宽宏，人们越认定她"咬碎银牙和血吞"，急公好义者憋不住了：

"要找出这个无耻小人，让他在光天化日之下曝曝光！"

"诽谤是要定罪的！"

"叫大家看看，他到底是谁，到底有什么见不得人的目的！"

此君不依不饶的无赖作风和缺乏底线的大放厥词，像一辆不管不顾冲过烂泥塘的疯狂跑车。泥点子不但溅到了李炳淑身上，也惊扰了同行。他们不知道，这些不干不净的脏水既然喷出了第一次，如不加制止，会不会有更肆无忌惮的第二次、第三次？真到了那个时候，珍爱名誉的李炳淑怎么受得住?“炳淑,这事儿你不用管,我们替你教训他。”同行们决意出击。

“谢谢大家……”李炳淑终于表了态。可她接下来的话拐了弯儿,“用不着动气。我该怎么演还怎么演。”

“炳淑,你——”

“太便宜那个家伙了!”

李炳淑抿抿嘴:“不开口,不是要躲他、怕他,而是不愿意叫他太难堪。是好是坏,观众自有公论。”

信的破绽,很快被眼尖者发现了——《宇宙锋》首演时间是二十一日晚六时三十分,可信封邮戳上的时间确是二十一日下午五时整。为了瞒人耳目,写信人有目的地选择了没有任何图案、没有任何字样的光版信封向外投寄。显而易见,这完全是有预谋、有准备的诽谤。写信人究竟是谁?后来怎样?李炳淑不关心。不过,她却因此在东三省有了超卓的人气。

这封信,为她添了美名。

良

梨园充满了各式各样的讲究。有形象的,有抽象的,有生发于历史的,有成长于民俗的,有戏曲行特有的,有被姊妹艺术分享和泛化的。

凡是古老的艺术,大约都是如此,懵懂的外人只能看个花红绿柳的热闹。时间长了入了门,才能明白一些内在的规律来。

比如演出次序,行话叫“戏码”。一场戏如果有五出的话,依次叫“开锣戏”、“早轴”、“中轴”、“压轴”、“大轴”。可惜今日混沌的主持们常常把“压轴”和“大轴”搞混了,乱送称谓,不知底细的观众也跟着被误导。戏码的讲究自京剧形成之日起,经历过一些变化,但发展到梅兰芳时代,基本固定了下来,越往后排的演员造诣越深声誉越隆。换言之,前面出场的是小字辈,后面的才是大腕。

安排戏码(行话叫“派戏码”)的人当然要把剧目内容调剂得丰富好

童祥苓因《智取威虎山》扬名全国

李丽芳凭《海港》蜚声华夏

看，但顶顶重要的，是要仔细研究和安排演员的出场次序。这看似容易，实则藏着极微妙的讲究，尤其是演员年龄、地位、影响差不多时，稍一大意，不但得罪人，还坏了规矩。“文革”前，北京京剧团有马连良、谭富英、裘盛戎、张君秋、赵燕侠五大金刚，张、赵是少壮派，前三位则属元老，各有威望。据当时媒体介绍，三位要来个同场献演，事先协商排序，而有两位正在外地演出，为此，剧团与来回打长途商量就花了不少钱。这讲究如今照旧——北京京剧院要安排杜镇杰、王蓉蓉、李宏图、迟小秋同场，采用了四天唱四折、轮换排序的办法，好一碗水端平。

可以想见，当年以李炳淑、童祥苓、李丽芳三人为主力的上海京剧院一团赴天津、北京、石家庄演出时，派戏码成了问题。同是“样板戏”光彩熠熠的一号人物，受邀到中南海怀仁堂为乔石、宋任穷等领导人演出，谁该唱大轴？

一团团长忻建明思前想后，决定先找李炳淑。

李炳淑早有预料：“小忻，我就知道你会来。”

“师姐明白我的心事。”忻建明是上海戏校“京二班”毕业生，依旧延续着学生时对李炳淑的称呼，“您看这戏码的事情——”

话说一半，按下不表，为的是等李炳淑的答案。他就怕李炳淑反问一句"你打算呢？"扔出去的球要是又抛了回来，不好接应。

李炳淑稍一沉吟，道："你看着安排吧。"

师姐如此爽快，忻建明反而有点不好意思："您看，我光给您出难题……"

"没什么。李丽芳、童祥苓都比我年长，应该的。"

其实，以长幼排序，并不是梨园行的讲究。1921年的梅兰芳，虽然才28岁，但在大义务戏里，依然压轴——1月8日那晚，长他13岁的王瑶卿唱第四，长他32岁的陈德霖唱第八，都在梅前。

忻建明接着问："您唱第二出，行吗？开锣戏是王梦云、艾世菊的《钓金龟》。"

"行。"李炳淑照旧笑吟吟。

演出那天，李炳淑唱《断桥》。童祥苓、张南云是第三出，唱《坐宫》。李丽芳、张达发压轴，唱《白门楼》。

《断桥》剧照

一场戏唱完，童、李满意，李炳淑也并不觉得吃亏——帮衬别人，也是帮衬自己。

但另一场演出，就是"救火"了。

那是在北京工人俱乐部。刚开戏，后台管事急吼吼地找进后台来，对着坐在椅子上化妆的李炳淑："大姐！"他甩了一把汗，"有人临时要罢演，真要急死我！"

"怎么了？"

"说是亲戚今天来看戏，不让她唱大轴，没脸出台。"

听得出来，对方怀着浓重

的郁闷和不满。是，谁都想在亲戚朋友面前不掉份儿、不丢面子，但不能提前说吗？戏比天大，台底下乌泱泱满场观众，好多人是换了几趟车赶来的。少一出戏，票价可就挤出了三分之一的水分，谁愿意吃这个亏？

“大姐，我有个想法，不知该不该说？”管事的问。

“说吧。”

“您能赏个面子救救场吗？”

“怎么救？”

他直愣愣地盯着李炳淑：“您多唱一出，补上她的。”又道：“都是青衣戏，您拿得下。”

虽然时间不宽裕，但换装还来得及：“行，我上。”

管事感谢不迭：“您这是救了小弟的命了！”

“别客气，谁没有个为难的时候。”

观众虽为戏码改动心生疑惑，但李炳淑的两次出场撩起他们意外的兴趣，而演出效果之好，又徒添了快意。两个角色同属青衣，却泾渭分明，各具光彩。这一晚舟车劳顿，值了。

恭

艺术来源于生活，高于生活——话是这样说，可老百姓在心底是强调后半句的。他们眼中，连艺术家确乎也是高于平常人的。

不是吗？他们气质上乘，保养精细，相貌姣好，放在人群里头一眼就躲不开他或她。他们就应当高高地站在舞台上，眼神还要向上倾斜四十五度角，潇洒自在地接受台下的膜拜。你若不服，你也上去试试，大幕还没拉开，怕是腿就软了。可人家演员就不！那么高贵自然，甚至下了台，进入茫茫人海，进入平淡无奇的生活，头上依然有若隐若现的光环。

这话放在很多演员身上是应验的。比如言慧珠，有名的一朵藏针带刺玫瑰花，让许多人爱，也让许多人怕。她们的气场是强悍的，不然怎么接得住台下万千目光？

但是熟人知道，李炳淑确乎没有这种凌厉。和上海女人相比，她不那么讲究又极能吃苦，不娇娇怯怯、精于算计；和北方女人相比，她又多了温存和体贴，不那么疯疯张张，见风是雨。

80年代她带着小组去安徽演出时，她忙里偷闲照顾好丈夫，还能为小组里其他人搞好后勤。衣服一洗就是几盆，而且不一定跟人家打招呼。等别人来回找不到脏衣服，才发现早被她晾了半天，洗得干干净净。她是角儿，怎么能干这些事呢？不安加上感激，人家的语气都变了声。她不觉得有什么，顺手洗洗罢了。

雨后，院里蓄起厚厚一泊水。后台地方小，她提着裤角出门洗脸，光脚踩着冰冰凉的积水，第二天就感了风寒，咳嗽得厉害。到了下一站，嗓子近乎失声，只好挂出水牌："李炳淑嗓子不适，敬请观众谅解"，却没有打退堂鼓，咬牙硬上了。

在浙江慈溪，大伙儿住后台，附近的两间厕所臭气弥漫，熏得人头疼。李炳淑一句多余话没有，拿着笤帚就去打扫女厕。

喝水也不易。水是开了，却有草屑泥沙。她只好多滚一会，静等沉淀。

……

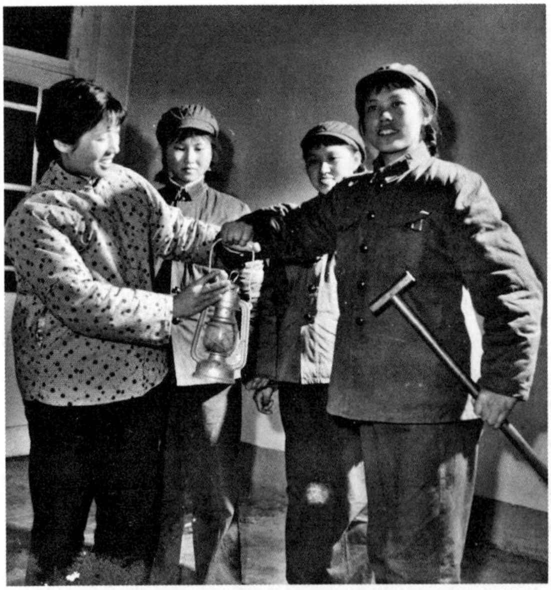

李炳淑辅导部队京剧队演出《龙江颂》

这是"送戏上门"的幕后底色。戏迷和观众们不会想到，舞台上光彩照人的李炳淑，卸下了戏装会蒙着厚厚一层烟火气。

吃惯了苦，便不以为苦。

又过了十年，演出条件改善不少，出行不再是苦差。但要到车间、矿井、大坝……第一线演出，又另当别论。

20世纪90年代初，作为全国现代工业发展排头兵的上海不缺技术、人才、资金，独独缺能源，特别是煤。时任上海市委书记的朱镕基急得夜不能寐，最终想出一个巧妙方略：集结一支由文艺界知名人士组成的“上海市市政府慰问团”，由副市长谢丽娟带队，赴山西、内蒙古、河北、安徽等产煤大省演出，感谢他们对上海的支持和帮助。

当李炳淑、童祥苓、朱逢博等三四十位艺术家出现在乌漆漆的煤矿时，工人们一片惊喧。可来者并不觉得局促，他们戴上了安全帽，落落大方地亮开了喉咙。李炳淑唱完一段，工人们听得兴奋，齐呼“再来一段”，她便再来一段；唱毕观众还不过瘾，她于是加唱……演员们的服务精神让煤矿和当地政府动容：大上海有水平，有风格，还需要多少煤，我们送！一车车的平价煤源源不断地运到了上海。朱镕基握着演员们的手：“你们为上海立了一大功。”

1993年，华东地区发生水灾。李炳淑飞赴北京工人体育场，义演募捐。1998年，长江流域特大洪水。她顶着三十九点四摄氏度的高温进行义演，又随上海电视台组织的艺术团赴武汉抗洪第一线慰问，《龙江颂》里的“乡亲们手捧馒头热泪滚……”一出口，她的眼泪就流了下来，这是揪心的泪。

有人说她“放下架子”，她哪里有过架子，又何谈放下？她的平常，和阡陌间的人们是一样的。

俭

这里的“俭”，是唐代秦韬玉《贫女》诗中“谁爱风流高格调？共怜时世俭梳妆”的“俭”，不是舍不得银钿，而是时势使然。

李炳淑的“俭”，要从远一点说起——

人生是由无数高高低低的抛物线构成的。《龙江颂》、《白蛇传》是李炳淑事业上两座直插云霄的高峰，其余，则是绵延的山峦、丘陵、甚至盆地……任何人都不得不接受命运安排给你的另一面。

20世纪八九十年代之后，李炳淑登台机会大幅度缩水。她也曾全力突围，将莆仙戏《团圆之后》移植为京剧《孽缘记》搬上舞台，并拍摄为六集电视连续剧，又排演了新编古装戏《香壶案》，但社会反响平平。评论家们三缄其口，她想听听批评也难；观众也回报了掌声，但似乎兴致不高。深夜里，她睡不着，来回问自己：到底是哪里出了问题？为什么投入那么多心血，收获却寥若晨星？李炳淑，是你的创作能力丧失了吗？你对社会思潮的认知落伍了吗？你刻画人物的水准下滑了吗？难道离开了《龙江颂》、离开了《白蛇传》，靠着你自己的翅膀就飞不起来了？……无数问号织成了一件捆得她浑身难受的"珍珠衫"。

她隐隐感觉，这一代戏曲演员，注定了要面对不大不小的尴尬。他们既没有新中国成立前"四大名旦"那一代对传统戏的腹笥和精熟，也缺失新中国成立后张君秋这一代左右逢源的自如，他们无缘坚实如"梅党"的智囊团，也未能深入地研究和把握文化。他们的命数，已经不在自己手中，能不能排戏、排什么戏由院长说了算，经济由团长说了算，排练由导演说了算，挑演员也得瞅着人家的演出空当，更别说乐队、服装……从上

《孽缘记》剧照，右为陆柏平

《香壶案》剧照

到下，从里到外，自己何曾能做一点主呢？再说，80年代之后的思想文化像一锅煮沸了的水，西方的、东方的、此符号、彼学说搅拌得比八宝粥还要热闹，新鲜事物遮天盖日，大伙儿恨不能都插进一脚弄弄潮，谁还关心戏曲这个迂腐过时的“遗老”？难道让戏曲也去创新、也去心惊肉跳地玩一把？扪心自问：自己有这个本事吗？没有！那不如就本本分分地为戏曲老人的清寂殿堂日日拂尘，莫去佛头着粪，狗尾续貂。

因此，20世纪80年代之后，当李炳淑接到国外友人请她去进行艺术交流的邀请时，她心中怦然一动：京剧《天女散花》中有一位妙曼仙女，袅娜清新，长袖飘舞……而李炳淑也要满撷梨园之蕊，到挥洒异国他乡挥洒馨香了。这些，是她过去何曾能想、何曾敢想的呢？

她的足迹，涉足了美、英、法、日、荷、德、卢森堡、比利时等国，留下了深深浅浅的足迹。一位联合国教科文组织中国代表团成员记录了她一次讲座：

她仪态娴静、端庄，俨然一个中国典型的贤妻良母。然而在京剧舞台上，她却气度不凡。那委婉缠绵的唱腔，那刚柔相济、声情并茂的表演、细腻而深刻地塑造了一个个栩栩如生、性格各异的中国女性形象。她就是中国著名京剧演员李炳淑。

应中国常驻联合国教科文组织代表团和该组织国际公职人员同仁会邀请，李炳淑女士和她丈夫李永德先生于今年一月十九日中午在该组织电影厅进行了京剧艺术讲座和表演。这一天，是巴黎难得的好天气……由于文化传统不同，审美趣味不同，我还真担心会出现冷场呢。谁知却迎来了满堂观众，除少数侨胞之外，其他均为各国友人。一个已退休的法国老太太兴致勃勃，竟提前四十分钟到场，独坐在空落落的大厅里等待。

她从京剧舞台表演艺术中生、旦、净、丑四大行当的划分讲起，直到各种流派的表演技巧和表演手段，边讲边示范表演，做出“开门关门”、“跋山涉水”、“缝衣绣花”、“乘船骑马”、“走路跑步”等动作，运用虚拟、夸张和象征性的浪漫主义艺术手法，惟妙惟肖，形象逼真。

观众们屏息凝神地看着，听着。表演完毕，掌声四起……

（齐彦芬：《李炳淑在巴黎唱京戏》，《解放日报》1988年4月6日）

《贵妃醉酒》剧照

1997年，应法国上海籍华侨联合组织邀请，李炳淑和丈夫及三位评弹界名家一共五人再赴巴黎，在当地大学进行了表演和讲座，引起了不小的影响。中国大使馆得知后，立即派人来住处诚恳说明：大使馆要举行高规格的招待会，有不少法国贵胄、官员参加，能否请李炳淑穿上戏服，来一段美轮美奂的《贵妃醉酒》？

李炳淑遗憾："谢谢大使馆信任。可这次来都是清唱，我一样行头也没带。"

来人一时怔住。

"我给您借借，好吗？"

"能借到当然好。"

找了一大圈之后，对方抱着一堆亮闪闪的凤冠霞帔来了。李炳淑摊开一看，和自己的想象不大一样。

"这是业余粤剧团的，实在再找不到别的了！您看行吗？"

凤冠形制差不多，只是小了一圈，女蟒也不够富丽。总而言之，气势派头不如京剧。要是有个懂行的美工师傅动一动，效果会好很多，可这是在巴黎。

她又瞥了一眼使馆人员，对方一脸无奈。她本是个讲究人，此刻却把话头咽了回去："可以用的。"

服饰且保留原状，头饰要下一番功夫。

网子、水纱、线帘子、片子……一应俱全，但需要她重新处理。片子的宽度和弧度不合她的脸型，得修整、勒头、戴线帘子、叩假发壳子、缠水纱……这些由丈夫李永德全权代劳。

“谁爱风流高格调？共怜时世俭梳妆”成了李炳淑遥远的知音和注解。

当晚，李炳淑以让高朋宾客们讶然的华丽扮相灿然登台，载歌载舞。一曲演完，观众们起立鼓掌，强烈要求加演。盛情难却，李炳淑又唱了一段《望江亭》。

艺术的高下，从来就不是由丰俭决定的。

让

聚光灯下的舞台，到底有多大？

时髦的广告词曰：心有多大，舞台就有多大。那是理想主义的另类表达。登过台的知道，聚光灯打在谁头上，谁就是当仁不让的主角，观众的眼球、掌声、喝彩都是冲着舞台中心来的。因此，舞台无法慷慨，那是个明晶晶闪亮亮的世界，凝集着观众的万千宠爱，因此“争”戏、“争”台屡见不鲜，也无须大惊小怪。不过“争”也分几种情况：一种是要求自己的戏份多一些，在体量上占有绝对优势；一种是体量不大，但在小地方把功夫做足，把观众注意力最大限度地集中到自己身上来；还有一种，演员并非强力刻意地要出风头，只是因为演得别致丰满，客观上吸引了观众的注意，占尽风骚。这一种，不但不致人反感，反而在戏剧史上留下了不少佳话。

梅兰芳当年演《汾河湾》中的柳迎春，当谭鑫培饰演的薛仁贵在窑外独唱【西皮导板】转【原板】再转【流水】时，按传统的演法，柳迎春不过是个摆设，她背向而坐，一动不动，好让观众集中注意力为“谭叫天”的唱腔艺术喝彩。但经过齐如山点拨，梅兰芳改了演法，见缝插针地加入了柳迎春该有的反应。观众认为新鲜又合乎情理，于是不只垂青于谭叫天的唱、也为梅兰芳的表演叫起好来，谭不以为违忤，默许了这段梅的创造，从此，此段表演格局更改，生旦并重，各有看头。

历史跨入当代，出于种种复杂的原因，戏台上的变通没能定格为让人难忘的经典，“争”的紧迫性却更强了——演出机会减少，舞台越来越狭窄，好容易等来一次亮相，还不得铆足了劲头往上冲？还不得抓住机会，尽可能多露几次脸？露得多了，层层叠加，不就有了影响力？不就有了认知度？……别简单地认为这是“机会主义”，当代的戏曲演员，被步履维艰的戏曲老人裹挟着，骨子里透着艰难清贫，这种“争”就变成了一种带有悲剧性的不甘挣扎，变成了一种让人同情和理解的“上进心”。这是繁华落去的无奈，叫人悲上心头。舞台艺术能占文艺界多少份额？戏曲能占舞台艺术多少份额？传统戏又能占戏曲多少份额呢？“争”吧，好歹为戏曲添几分声息和热闹。

能否换换思维，改“争”为“让”呢？说不定也能“让”出一片花团锦簇？

那是万万不可的。有谚“同行是冤家”，给“冤家”让戏？心里就通不过。

正是在这种背景下，李炳淑跨出了难得的一步，请看——

2010年10月的九九重阳京剧演唱会上，一位满头银丝的83岁老人，不卑不亢、落落大方地上了场，胡琴起，是《穆桂英挂帅》。老先生一句“大炮三声如雷震”出口，台下一片吃惊——他的演唱方法、舞台气质，分明是原汁原味、最让人神魂摇曳又难以用笔墨形容的“中古”梅派！不用任何修饰，不摆身段、甚而没有兰花指，无一丝世俗烟火气，但咬字行腔、举手投足，分明大家！老人每唱一句，台下掌声如影斯随，如癫如狂。

舒昌玉

他叫舒昌玉。此刻起迅疾走红。

平地里冒出了一位人物！先前并未听闻他的大名，怎么如今突然横空出世？如此中规中矩的唱法，到底学自何人？难道他和梅兰芳有什么关系？……观众尽情地发挥想象。

他们怎能猜到，举荐舒先生登台的，乃是李炳淑。

她与舒先生相识已二十多年，知道

他是梅兰芳先生的入室弟子，水准上佳，多年来常在外地演出，在天津有一定名气。立身沪上，却因为种种原因影响力不大。以老人的造诣，应该登上第一流的舞台，让更多的观众有机会一睹风华。因此，当"九九重阳京剧演唱会"向她发出邀请时，她立即想到，推荐舒先生。他八十有三，水平超绝，既贴合"重阳敬老"的节目宗旨，又绝对符合演唱会的高水准要求。想到便做，她飞快联系了主办方北京市戏曲艺术发展基金会，促成了一桩美事。

演唱会分为三部分，"花甲之美"、"古稀之乐"和"耄耋之福"。"花甲"部分有耿其昌、李维康、赵葆秀、叶少兰、陈少云等十六位，李炳淑的《女起解》大轴；"古稀"人数骤然减少，有孙毓敏、冯志孝、李世济等七位；"耄耋"人数相等，有李蔷华、谭元寿、杜近芳等。舒昌玉先生自然是"耄耋"辈。联排时，他的《挂帅》唱毕，演员们炸开了锅："老先生唱得太好了……"

他不放心，特意来问李炳淑："炳淑，你看我怎么样？"

"您就像这样，安安静静地唱，不要任何修饰，气质已经是一流了！"

舒昌玉没有想到，他唱了大半辈子戏，竟然83岁时被一段《挂帅》改变了命运。CCTV的转播刚结束，反应神速的网友们就纷纷在京剧吧里展开热议：上海竟然有如此正宗的梅派！CCTV做了一件大好事，可称称职伯乐，优秀推手！东方卫视亦步亦趋，借着东风，由戏曲频道举办了一期综合访谈《不该被埋没的梅派名家》，请李炳淑、翁思再担任解说嘉宾，将老先生的从艺生涯、演唱特点、人品艺品进行了集中评述；中国唱片公司上海分公司也出版了老先生的舞台实况唱段精选CD……一时间，舒昌玉人气暴涨，网友赠予"老来红"的美名。

也从此，老先生成了重阳京剧演唱会的常客。2011年，他又带来去梅派名段《生死恨》，声誉愈隆。

私下里，有人揶揄李炳淑："你呀！真是个实心眼。"

"怎么了？"

"捧红了舒昌玉，你不受冷落啊？"

"哪里会，老先生是唱得好。他那么大年龄了，能受到认可，不容易。我替他高兴。"

这注定将成为21世纪的菊坛佳话。

20世纪90年代末李炳淑与王佩瑜（右）

2006年5月李炳淑在上海天蟾逸夫舞台参加交响乐演唱会，李炳淑演唱《龙江颂》选段

2006年，李炳淑（右）与梁波罗（中）、张民权（左）在上海电视台做节目

云笼月影风弄铁

——病魔曾投下阴翳

时光跨入2000年，一个新的世纪露出了满天曙光。

中国人爱整数，尤其偏爱“零”，何况一来就是三个。这一年，无数的青年男女结为眷属，名曰“世纪婚礼”；无数婴孩呱呱坠地，名曰“世纪宝宝”；连此年修建的小区，也有叫“世纪苑”的。

其实，还不只是世纪变迁——上一个一千年，还在北宋；翻了一番，中华人民共和国已经年过半百。什么叫沧海桑田？这就是。一千年才能等来一次，值得苦苦翘首，值得好好度过。

李炳淑也有自己的安排，一来，继续做德艺双馨的演员；二来，准备当含饴弄孙的外婆。这两件事，足够她充实忙碌地度过58岁。可是，莫名其妙地，身体浮肿起来了，手掌想要攥紧需费一番力气；脸面隐隐发胀，连细小的褶子也撑得光亮圆满。与之相伴地，全身乏力，走着走着，就想找个地方坐下来，好像有打不完的呵欠睡不完的觉。

她埋怨自己：还不到六十，怎么就“娇气”得成了这个样子？

上海女人是很会保养自己的，无论“娇”还是“骄”，都有十足的理由：不该对自己好一点吗？徐娘半老，犹有二八娇娥的追求，从里到外，务必讲究。李炳淑因为常年登台演出的关系，修炼出一副精致华丽、气质雍容的上海外壳，但内里还完整地保存着安徽裔的气质——耐实、朴实、笃实。工作是地，家事如天，一样不能松懈。因此，在别人早鼓足马力冲向医院时，她除了反思自己的“懒惰”，也只是服从身体的召唤，每天多睡一会儿。

睡觉是养颜的丹药，但却治不了她的疲惫。腰部也开始隐隐作痛，任凭她按、捏、揉、敲，一律无用，且一天狠似一天。她猜度，恐怕是年轻时大剂量练功的后遗症，至多腰肌劳损罢了，这也算中老年人常见的毛病，不足为奇。

慢慢地，竟然有了血尿。血是人之精气，补养还来不及，怎经得住汩汩而泄？特别是女性，血乃牵一脉而动全身的要事。稍不留意，麻烦无穷。但胆大包天的李炳淑，仍然用最简单的“睡觉疗法”来诊治。

如果不是血尿变成血块，她是不会迈进医院大门的。

医生狐疑地盯着眼前人：这位中年女性，戴着一副讲究的金丝眼镜，淡施脂粉，斯文端庄，浑身上下洋溢着一股让人舒服的文艺味儿，不该是个粗心大意、不珍重自己的人啊，何以能让病情发展成这个样子？再说了，即便她不来看病，难道家人就不催促吗？

怨不得家人，李炳淑根本没让任何人知道。

“先去做个B超吧。”

从她躺下的那一刻起，两个检查医生就没有停止过嘀咕。

“有什么问题？是不是癌症？”很多人望而生畏、退避三舍的这两个字，她想也没想就出了口。

医生对望了一眼，说：“现在还不知道，过几天做个CT，需要切片诊断。”

“谢谢。”她一骨碌爬起身出了医院，又去附近的菜场买了两斤荞麦——她还要下厨为丈夫熬一锅浓浓的南瓜荞麦粥。

放在常人，这几天应该是最为难熬的一段时间。毕竟，万一是癌，就要面对即将阴阳两隔，一命呜呼的痛苦了：割舍不下的至亲，难以撒手的手足，甚至奋斗了大半辈子才慢慢积累出的家业……离不开，放不下，扯不清，剪不断，足以让人纠结到崩溃！但李炳淑几乎没有任何焦虑和负担，该吃则吃，该睡则睡，并且吃得下睡得着。

有位专家曾总结：“恼是想出来的，气是比出来的，急是造出来的”，可惜懂得道理的不在少数，真要说服自己不恼、不气、不急的没有几个。

这就不能不让人羡慕了。

……

结果出来了，医生严肃道："你肾上有个肿瘤，鸽子蛋大了，必须马上住院手术。"

她一听，变了脸色："我马上要演《穆桂英挂帅》，已经出票了，观众都掏了腰包，只等着看戏呢……"

"都这个时候了，还演什么戏！"医生有点生气，戏比命大呀？

这一回，必须跟丈夫打开天窗说亮话了。

"永德"，吃完晚饭，她又送上果盘，用牙签扎了只小番茄递给丈夫："我得了点毛病，恐怕要离开家几天，你要答应我，好好照顾自己。"

李永德一回头，瞪大了眼睛："什么毛病？"却又见她一脸轻松相，好似玩笑，"老大不小的人了，乱说什么。"

她收敛了笑容："医生说，我肾上有个肿瘤，良性还是恶性不知道。你别紧张。"

能不紧张吗？李永德颤颤巍巍地给女儿打了个电话，女儿带着桃子似的泪眼奔回了家。

"妈——"进门就是滂沱的泪水，心疼的号啕。却见母亲好端端地坐在沙发里看电视，嘴里还不紧不慢地嗑着瓜子，没有一丝病人该有的样儿。

"你也吃得进啊！"她摇着母亲肩头嗔怪。

"那叫我干什么？一心一意钻牛角尖？"李炳淑起身为女儿倒了杯热水，反问。

"……你不就怕呀？"

"如果怕能治好病，我就使劲地怕。"

女儿被逗笑了，这个妈妈，比党支部书记"江水英"还会讲道理。

晚上。李炳淑开始给京剧院党委委员金锡华打电话"汇报工作"："老金，我最近身体有点问题，原定的演出不能参加了。"

"严重吗？"

"还行，肾上要做个手术。"

这"还行"哪！金锡华着急了："我立刻向上级领导反映，安排你住最好的医院……"

"哎，不用——"话还未落音，那边已经挂了。

结果，市委副书记龚学平亲自安排她住进了瑞金医院特需病房。

李炳淑进了医院，开口便问护士："特需一天多少钱？"

"一千块。"

"真贵呀！"她摇摇头，转头找领导："去普通病房吧，都差不多的，公家的钱也不能这么花。"不巧，普通病房满了。

"那就先回家。反正病已经得了，也不在乎一天两天的。"她立即就要回去。

医生们头一次听到这样的"奇谈怪论"，面面相觑。

最后是京剧院领导做主："先住下来，等普通病房有了再搬。"这才稳住了李炳淑。

手术由瑞金医院副院长俞卓伟亲自安排，著名泌尿外科专家张祖豹为她主刀，过程滴水不漏，圆满成功。虽然去掉了右肾，但肿瘤为良性，尚算欣慰。术后，因为肺活量特别大，加之她主动配合医生，身体恢复得很快。医生判断："只要多保养，将来的舞台生活不会受影响。"

她竟然逃脱了病魔之手，大幸！

李炳淑住院的消息不胫而走，家里电话从早到晚响个不停。李永德坐镇电话旁，挨个感谢，挨个解释，再挨个道歉——把打算上门的回绝掉，李炳淑需要安静调养。

他堵得住家门，却堵不住院门。

南京一位虔诚的戏迷，特地坐着火车赶到上海。在医院附近，为偶像买了一大捧鲜艳亮丽的天竺葵。当得知李炳淑正在午睡时，她跟护士求情："把花送进去。我只在门外悄悄地看她一眼，保证不出声。"

她果然说到做到。李炳淑睡得香甜，门外的她瞧得喜欢。短短几秒，她安心了，踏实了，踮着脚尖轻松离去。

醒来的李炳淑，盯着满眼灿烂的天竺葵，有点意外，又浮出一缕微笑。授人玫瑰，手留余香。她打算做点事。

这时，市慈善基金会开展“点亮心愿”募捐活动，定向为贫困老年白内障患者提供医疗资助，李炳淑一听说，就立刻在倡议书上签了名。捐什么好呢？她躺在病床上左思右想：自己不爱披金挂银，素来无有什么贵重的饰品；也不像别人兴趣别致，有玩赏书画的雅好……对了，二十余年前，当她在英国进行艺术交流时，曾经有友人赠给她一尊栩栩如生的骑士铜像，她偏爱它精湛细致的做工，更欣赏它英姿勃发的精神——一位潇洒的英伦骑士，提枪跃马，长袍飘飘，气质超拔。更重要的是，它见证着自己艺术成长的踪迹，也凝结了一份来自大洋彼岸的情谊，如果能将这位“骑士”捐出去，不是更适合传递与病魔斗争的精神……好，就选这件。

不久，《解放日报》记者来到病房采访，“咔嗒”一声拍了照片。翌日，一则消息见报：《心连观众，情牵慈善——访病中的李炳淑》，旁边，配着李炳淑和“骑士”的合影。照片挺有艺术性，一远一近，一静一动，她坐在病床上，笑吟吟地望着“他”，是为二十载老友的依依作别。

遭此劫数后，李炳淑终于开始学习保重身体。她谨记医生教导：既不盲目服用名贵中药、奢侈进补；更不迷信所谓奇方异术、追求特效，而用简单的走路来强身健体。在工作、家事的空档，她总要出门，不紧不慢地走上一段。不要太多，三十分钟足矣。

她喜欢锅碗瓢盆交响曲，醉心米油盐酱醋茶。

这是最最适合她的养生方式。

谁能看得出这是在病痛期间？

1996年，李炳淑在上海演出《坐宫》，饰演铁镜公主

芳草萋萋人未归

——与丈夫李永德

丈夫意味着什么?

时尚的年轻人,认为丈夫可以而且应该是人肉沙包、强力开瓶器、天然暖炉、小型起重机、外卖速递员、超级垃圾筒……她们玩心正盛,丈夫也可以是一样玩具,多功能的。

经历了世事的中老年人,会有平和的心态和实用的眼光:老伴儿就是要一起说说话儿、遛遛弯儿,搀扶着步入人生的夕阳,走向人生的终点。

而在李炳淑看来,丈夫还是一个永远长不大的孩子——青春时,少男少女可以比肩嬉闹,彼此平等;当她成了妻子,成了母亲,他却要受她的呵护和关怀,他的一点任性、一点放诞,都能让她的母性情怀发挥得淋漓尽致,要包容他,宽慰他,疼爱他。

吃亏吗?不见得。造物主总是公平的。

从“台上夫妻”开始

20世纪50年代,上海戏校的周玑璋校长有一句名言:“谁要是谈对象,我就让他养猪去!”

这话让人听起来如同笑谈,戏校学生们却视为尚方宝剑。他们知道,这位“封建”的校长极其厌恶学生早恋,而且言必行、行必果,如若真的让他发现,戏白学了不说,要丢大人!据说,有一位女编剧和一位演奏员谈了恋爱,被他知道后硬是调了工作。人家可都年龄不小,早到了结婚年龄。如此高压政策，吓退了一颗颗年少青春、蠢蠢欲动的心。

此心李炳淑未有——她是安徽“土著”，虽则来上海学戏，终究也只是匆匆过客。若找个上海朋友，日后两地分居，天各一方，何苦来！因此，对校长的警语，她当然谈不上胆寒。反而倒挺能理解他的用意。戏曲是一门苦功夫，容不得分神怠慢，而谈恋爱极花时间又极费心思，任是再好的苗子，只要一上此道，十有八九要中途夭折。因此，老先生言辞是激烈了些，道理却是对的。

她不着急，母亲却沉不住气，而且已经像模像样地帮她张罗起来了。趁着她假期回安徽的当儿，老人家悄悄拿出几张照片：“你看看，喜欢哪一个？”

“妈妈！你这是干什么？我还小呢！”

“小什么小！十九啦！”

“你别找，找了我也不要。”

母亲看她态度坚决，不免疑惑：“该不是心里有人了？”

“有什么呀！好不容易去上海学习，这两年可是关键时期，耽搁不起的。”

“大了就没人要了！”

“没人要就没人要！”李炳淑一扭身，走了。

她定下了要做“孤家寡人”的打算，便自动闭上了心门。学校里，那些偷偷抛来的热辣辣的眼神，她避而不见；一封封试探深浅的情书，也都有来无回，真个是水泼不进、针扎不穿。慢慢地，男孩子们明白了：李炳淑是一尊不开窍的女菩萨，阿弥陀佛，善哉善哉，还是另觅芳泽吧……她的世界里终于安宁了。

戏曲天地已经足够热闹，何苦再“添乱”呢？

生活里与男生绝缘，戏里的青衣却不能孤零零地登台——王宝钏不能脱离薛平贵，虞姬也要伴着那位落魄的霸王，秦香莲总和陈世美脱不开干系，西施和范蠡更是棒打不开的鸳鸯……而与青衣配合最多的，非老生莫属。于是，同班的尖子、余派老生李永德成了她不得不“麻烦”的对象。

一次两次“麻烦”不要紧，时间久了，连学校、单位也认为他们是舞台上的绝配。从戏校的新编历史剧《戚继光》、现代小戏《柜台》，到上海青年京昆剧团的现代京剧《南海长城》、上海京剧院的现代京剧《海港》……虽然时空天差地别，形象迥然有异，但有她，“丈夫”就一定是李永德；有他，“妻子”就一定是李炳淑。他们被牢牢“捆绑”在一起，成了坚不可摧的舞台“夫妻档”。

所有人包括他俩在内并不觉得有什么奇怪——戏曲演员长期合作形成的默契是很重要的，像当年的梅兰芳与姜妙香、杨小楼，程砚秋与俞振飞，当下的李维康与耿其昌……且不说他们天长日久形成的接榫自如的艺术美感，单从防范意外的保险指数来说，彼此一个眼神、一声感叹，都可以藏着外人听不出的提示，万一有什么状况，也完全能够神不知鬼不觉地救场。因此，在大家眼中，李永德、李炳淑既然配合熟稔，不妨一直合作下去。

戏台上你侬我侬，生活里却你是你、我是我，楚河汉界昭昭。直到1961年去香港演出时，才好不容易有了一次“交流”。

那时，大伙发现沪上价值不菲的皇后牌毛线在香港卖得极便宜，一拥而上买了不少，后来又被告知，毛线只能织为成品才能带出境去。于是，趁着演出间隙，姐妹们热火朝天地织起了毛衣、毛裤、背心、围巾……李炳淑打算织一条三股线合为一针的粗围巾，待拆了毛线标签，却发现缺了人手。她想起，斜对面的房间里就住着李永德。

“李永德在吗？”她敲开了门，“帮我绕绕毛线吧。”

向来不求人的大青衣发了话，李永德能不配合？关门的那一刹那，他心里一动：这种事情为何偏来找我？该不是跟我有话说……

一个规规矩矩撑线，一个正正经经绕球。本该男女搭配干活不累，李永德因为起了念头，如履薄冰提心吊胆。时间一分一秒地过去，他有点心慌出汗，屁股下面像坐着仙人球一样难过。再也忍不住，他向李炳淑投去一眼，人家却气定神闲，平静得好比秋日无风的湖面。

“怎么了？”李炳淑感觉到了李永德的异样。

“没，没什么。”他恼自己沉不住气。

于是，一切又重新陷入无声之中。

一个似有情，一个却木讷迟钝。

1964年，李炳淑和李永德被借调到《海港》剧组，随上海演出团赴京参加京剧现代戏观摩演出大会。因为和其他演员不熟悉，加之身处异乡，他们俩的沟通终于不仅仅限于舞台和剧场，从主动为对方沏一杯茶水到补一粒纽扣，再到闲暇时一起去外面看看风景、开开眼界，两人间的距离不知不觉拉近了。

因为有了北京之行的“铺垫”，回到上海之后，李永德决定展开攻势，当然，要自然一点，不能吓跑了李炳淑。

一天，李炳淑演完戏准备回宿舍，发现李永德定定地立在门口。

“你还不走？”她随口问。

“正准备走，”李永德好似不经意，“一起吧。”

宿舍离剧院有二十分钟路程，但两人聊得投入，到了门口浑然不觉，又继续前进，发现走过头，只好又拐又绕……李永德“演”得不露痕迹，水到渠成。李炳淑也有几分惊诧：原来，两个人有那么多可聊的话题！不觉生出几分亲近。不过，她是有“原则”的：“你先回，我过会再走，省得别人议论。”

不久后的一个周末，李永德来约李炳淑：“一起去中山公园吧。”

1972年李永德、李炳淑夫妻登长城

李炳淑愣了一愣，问："就是咱们两个人？"

"当然！"

"这……行吗？"

李永德不知说什么才好。只听李炳淑又道："可别让人家以为我们在谈恋爱。"

李永德实在忍不住了："我们本来就是谈恋爱。"

"啊？"轮到李炳淑犯傻了，一丝绯红飞上了脸颊。……但自己还从没有正式考虑过个人问题，会不会太突然？"你觉得我合适吗？"

"那你觉得我合适吗？"李永德反问。

"我还真没数……"

这个傻阿炳！李永德又好气又好笑。

李炳淑可不"傻"，临走，她的"原则"又来了："你先去，我过会再出门。"

……

如此保守低调的恋爱，放在今天堪称奇闻。但是，如今的年轻人却也体会不到这份"小火慢炖"的妙处——"大火爆炒"也许更为过瘾，后味却不浓。慢生活，慢恋爱，过日子的幸福指数，就从慢里一点点熬了出来。

简朴温暖小日子

李炳淑的母亲一听未来女婿是个上海人，不无担忧："你们一南一北，生活习惯不一样，能融到一起吗？万一将来有了问题……"

"妈妈，我找的人，我心里有数。"李炳淑对习惯看得淡，只要两人心齐，就算有龃龉也好克服。她看重的，是好几年从舞台配合培养起来的默契。而且，她一直就有心找个同行——戏曲演员演出频繁，回家晚不说，一旦下乡一两个月都未必能回趟家。找个外行，人家不理解，很容易有矛盾。

"京大班"的女孩子们，绝大多数都是找同行。

再说，母亲也知道她的脾气，她认定的事情，别人扳不过的。

双方老人拜谒完毕，李炳淑亮出了最后、也是最重要的一个条件："我家兄弟姐妹多，负担重，我每个月要给家里寄30块钱，你同意吗？”

如果李永德有疑虑，即便感情再好，到此为止。不是她薄情，她放不下那个负担沉重的家。

“没问题。”李永德一口答应。

这就算圆满了。

家庭消费有很多种类型。不过，在六七十年代的中国，比较整齐划一——公民收入偏低，物品昂贵，整个社会崇尚朴素节俭。笔者的奶奶曾有“吃不穷，穿不穷，不会算账一世穷”的训条，每个月的工资，是要精打细算，小心安排的。李炳淑每月要雷打不动地拿出30元支持父母，一年后有了小孩，公婆年事已高，无力帮忙，又找保姆带孩子，每月支付25元。吃穿住行之外，所剩无几。

上有老下有小的日子，不好过。

每天上班，小两口是舍不得坐公交的，早早出门，步行四十分钟才能到剧团。中午就在单位吃食堂，既便宜，又为老人省去了麻烦。有了孩子之后，每天中午要回家为孩子喂奶，不得不再花8分钱来回坐车。两人平日里几乎不买什么衣服，最最奢侈的“行头”，是一双7块多钱的猪皮皮鞋。

李永德是传统型丈夫。生活节约，家庭观念很重，虽然是团里的重点演员，而且从1964年起，扮演《海港》第一稿的“韩小强”，1968年又扮演交响音乐《沙家浜》和《智取威虎山》的男一号，演出任务繁重。但一下班，一定急匆匆地往回奔。这个热乎乎的小家，时刻都拴在他心上。

他主外，李炳淑主内，襁褓中的小乖乖一天天健康成长。

这是最普通、最稳定、也最让李永德满意的家庭结构。

1969年以后，这一格局被慢慢颠覆了。

“公鸡不叫母鸡叫”

成功的男人身后，必定有个默默无闻的女人。李炳淑绝对是甘愿为丈夫做这样的女人的。事业上，她从来不声不响不出头，从未想过要削尖了脑袋跟别人去争去抢。在她眼里，家事如天，女人生来是要做“擎天柱”的。

老天爷偏偏不按常理出牌，他打定主意要让这个家庭生出点波澜。原本在舞台正中风光无限的李永德，从男一号变成了二、三号，又从A组被调到了B组，甚至出演《龙江颂》的男一号时，竟陡然被撤下来换成了女性，而替换他的不是别人，正是李炳淑。

同事们打趣：“肥水不流外人田，公鸡不叫母鸡叫。一回事啊！”

哪里会是一回事？他们的事业天平，正在一点点失去平衡。想做小女人的李炳淑，被推到了镁光灯下，而且从B角成了A角，特别是在《龙江颂》被拍成电影之后，她的曝光率已到了“天下谁人不识君”的程度，李永德被远远抛在身后，望尘莫及了！

克林顿下野，希拉里入阁，丈夫一样可以做妻子的“贤内助”，这是西方的逻辑。但是在东方世界就是另外一码事了。李永德敏感、内向，事业失意引出的愁云惨雾，他若能坦然地“挥一挥手，不带走一片云彩”，或者找三五知己，喝喝小酒发发牢骚，都能多少遣散一些。他做不到，他总是躲在无人的角落，呆呆地坐着。偶尔，也倒上几杯老酒，但块垒越浇越厚，脸皮越磨越薄，牛角越钻越深，脾气越来越坏。

他被缠进一张看不见的网里，无法解脱，痛苦不已。

这个可怜的人！

李炳淑忙，忙得天昏地暗。她知道丈夫悒郁，而且像打上了死结的绳子，牢固非常。她恨不能让出女一号地位，逃离人人羡慕的光环，做她的柴火妞儿灶头妇，全心全意地扶持好小家。可一个有前途的演员，一个被辛辛苦苦培养出来、受到上级重视的大青衣，怎么能不服从组织安排？怎么能逃避开自己喜爱的那方舞台、放逐了自己从童年起就做了上千遍的那个戏曲的梦呢？

茫茫大海般无际的焦虑，只有在排戏、演戏时，才能稍微地停歇一会儿。

然而，让她担心的不只是丈夫。上幼儿园的女儿，也因为长期见不到妈妈，一天天生疏了。

1971年，拍摄完《龙江颂》电影的李炳淑从北京回沪，刚出火车站，远远就看见了那张可亲可爱的苹果一样的脸蛋儿，她小跑着冲了上去。

“炜炜，快叫妈妈！”和女儿一起来接站的姑妈提示。

小人儿怯怯地站着，目光慌乱得像险境中的小兽。

“……叫呀！”姑妈着急了。

挣扎许久，女儿终于憋出一句“妈妈”，红着脸赶紧藏到姑妈身后，怎么叫也不出来。

当妈的既心疼又心酸，不觉扑噜噜落下几滴泪来。

要治丈夫的心病，比弥合母女情感的断层还要难得多。

他不止一次颓丧地自言自语：“……我是个蹩脚的演员。”

“不，你不是！”李炳淑总会不厌其烦、充满耐心和柔情地抚慰，“你扮相好，嗓子好，台风好。在戏校的时候，你就出类拔萃、数一数二……就是个子稍微低一点，演现代戏的英雄人物吃点亏。”

“我比你差得太多……”

“这只是机遇问题，老天可能太眷顾我，冷淡了你。”

她嫌话语轻飘缺乏分量，又换了行动让丈夫开心：自己的工资统统上交，“我的一切由你支配”；女儿也被告诫：“我们都听爸爸的，他怎么高兴，我们就怎么做。”

她希望这些举动能如盐入水，慢慢让他尝出味道，转变情绪。但效果有限。长期的焦虑压抑，慢慢发酵，变成了急躁愤怒，变成了声嘶力竭的大吵大闹。

怎么办？忍吧。便是心上一把刀，又如何？

失意至极的丈夫，本想激起妻子的怒火，两人麦芒对针尖地干一场，好宣泄一把。偏偏李炳淑憋得住。他气不打一处来，又换作冷嘲热讽，字字扎眼，句句刺心。

伤痕累累的李炳淑噙着眼泪：“永德，我知道你心情不好，怎么痛快怎么说。但是，你要知道，子弹射出去，总要留下弹孔的，太深了，就不好修复了……”

……

女儿一天天大了，似乎明白了点什么。终于有一天，女儿为妈妈仗义执言，和爸爸开了火。没想到，冲在前面拦住她的，是受了委屈的妈妈。

女儿惊讶："他这样的脾气，你怎么还能忍得住？"

"炜炜，你爸爸有苦衷……他以前不是这样的。"

"以前，以前，就为了他的以前，你就要把一辈子都填进去吗？"

李炳淑咬着嘴唇，不说是，也不说不是。

"妈妈，"避开父亲，女儿问李炳淑，"你就没想过离婚？"

"小孩子家，乱讲什么。"

"我不是小孩子了，你们的事情，我懂。"

李炳淑握着女儿的手："离了婚，你怎么办？"

"我跟妈妈！"

"跟妈妈再好，这个家已经不完整了。爸爸的爱，再也享受不到了。"

女儿低下了头。她知道父亲对自己是珍爱有加的。他平素舍不得吃舍不得穿，好的都留给自己。而女儿也眷恋父亲，出门上街，总要亲密地勾着父亲的胳膊；晚饭后，再忙也要搂着父亲的脖子坐在他腿上说几句悄悄话。成年后，因为在郊区上班，为了保证安全，每晚父亲都要踩着脚踏

女儿结婚了

车去接她，车座下还绑着一根棍子，以便“防狼”……

可叹好父亲和好丈夫不能兼美。

日子，深一脚浅一脚地熬过去了。

直到“文革”结束，传统戏重现舞台。李永德终于有了他的一亩三分地，重新扬眉吐气。

鸣金收鼓，和谐万岁。

糖尿病缠身

80年代初，顺应文化体制改革的大潮，李炳淑身先士卒，成立“李炳淑小组”，走出了上海京剧院承包责任制的第一步。

她带着二十几个人，回到生她养她的安徽，与芜湖、蚌埠、安庆京剧团合作演出，盛况空前。此时，她和丈夫又像当年一样，成了台上台下夫妻档。李永德重归舞台，心情愉悦；加之对当年事悔悟不已，全力帮助和关爱妻子，好像变了个人一般。

几年前的不快，就像拂晓时天际的阴云，早被中午的煦日远远抛在身后。李炳淑的心头轻松了，敞亮了。这才叫过日子，这才叫活了一回人呐！

1983年，李炳淑乘胜而上，成立了“李炳淑承包团”，规模一下子扩大了几倍，人数达72人。

当她打定主意要走出这步棋时，李永德不再像先前那样支持，他忧心忡忡地问：“改革开始不久，政策上会不会有什么变化？”

“不会的。市里领导、文化局、京剧院都举双手赞成。”

“……万一有什么变化，你可要吃不了兜着走。”他胆子小，心思细。

“那又如何？最重不过是坐监狱。”李炳淑放出一句硬话。

“反正我不参加，我在家管孩子……”李永德还是不放心。

“你不参加？”李炳淑有点着急了。

“炳淑同志——”他苦口婆心，“你太累了！72个人大事小事吃喝拉撒都要找你，会有很多现在根本估计不到的负担，你承担得了吗？”

“你是我爱人，都不支持我。我怎么办？放着你现成的老生，难道还让我去找别人？这不是让人家笑话吗……”

看到妻子已是乌龟吃秤砣——铁了心，李永德长叹了一口气：“罢，罢，就随你。”

一个“随”字出口，夫妻俩把孩子托付给姑妈，李永德上了“贼船”。

这不是“妇唱夫随”那么简单，李永德不但要放下架子，甘于做妻子身边的一名小“卒子”，还要万事都冲在前头，苦活重活抢着干。剧团到了驻地，四十个大行李箱，他要带头搬卸，为年轻人做出表率；男演员临时有事，不能参加演出，他要赶紧化妆顶上去；甚而龙套不够，他也得放下身段，一跑就是几个小时……

三个月之后，李炳淑发现：原本微胖的丈夫，竟然瘦得脱了形。

“我整天发低烧。”他摸着额头，无精打采。

明显透支太过，元气大伤。

她呆呆地看着眼前人，不禁深深自责：李炳淑啊，你也太自私了！你心里就只有承包团，只有演戏，你忘了上天赐予你的另一半！他早就不是当年那个虎头虎脑的小伙子了，怎么能再经得住你这么折腾……

她闯进商店，抱回了几大筒麦乳精，这是当时最时兴高档的补品；只要有机会吃小灶，她必定为他安排最好的饭菜，鸡、鱼、红烧肉，什么大补吃什么。她使出所有能让他恢复体力的办法，不管价钱，不吝付出。

怪的是，吃也吃了，喝也喝了，营养却像是位高傲的客人，不愿留在这片过于贫瘠的土地上。李永德的健康状况一天差似一天。

有同事提醒李炳淑：“永德可能是糖尿病。”

“你怎么知道？”

“三多一少——吃得多，喝得多，尿得多，体重减少。”

李炳淑慌了，她趁演出间隙，带着丈夫去上海著名的广慈医院检查，尿酮体、尿蛋白、尿糖……全是四个加号！他的糖尿病，已经到了非常严重的程度了。

天哪！甜津津的麦乳精、油腻腻的肉食，对他来说，都是最最要命的毒药！自己不但没有帮到他，反而害了他！

李炳淑难过极了。

一年承包到期，她立即铩羽而归。她要拿出一个妻子所能给予的全部耐心和温情，照料他，服侍他，宽慰他。她要用一个女人的力量，不动声色地跟病魔打一场硬仗。

每天一起床，吃药，打针，测血糖，吃早点……帮助他控制甜食，远离烟酒，逼着他多出门走路，散心。每一个程序，都要毫不动摇地坚决履行；些微的疏忽大意，可能都会让他本就孱弱的身体雪上加霜。

可是，任是再小心，再细致，还是出了点意外。

上世纪90年代末，应兄弟院团盛情邀请，李炳淑要飞抵天津进行一天演出。临行，她反复叮咛丈夫要按时吃药、吃饭。他遵命诺诺，但却没有认真执行。在李炳淑将要飞回上海的时候，他竟然头晕目眩，一头摔倒在厨房门口……幸亏离家具有点距离，否则，这次出行会让李炳淑后悔终生。

虽然没有出大问题，但足以让李炳淑后怕。从此，她谢绝了一切社会活动，抛舍了登台机会。勤勤恳恳地当起了李永德的全职保姆兼护士。

没什么奇怪的，他离不了她。

“砸锅卖铁也得治”

爱能使病情产生奇迹？有时能，但通常不能。

无论李炳淑如何细心体贴，丈夫的身体还是一天天在走下坡路。

一个清晨，李永德晕晕乎乎起了床。好容易坐定，头却不听使唤地摇摆起来。李炳淑赶紧喂他点早饭。没吃几口就又要倒下，像水潭边纤弱的芦苇。

“去医院吧。”李炳淑感觉不好。

“我不去，睡一觉就没事了。”久病的人要么见风就是雨，要么忌疾讳医。

一觉醒来，情况并未好转。李炳淑再也不敢冒险，硬是拖着丈夫来到医院。详细检查后，等来了一个让她意外的结果——脑梗阻，这是糖尿病的并发症。

“说明病情在恶化。”医生拧着眉头。

李炳淑心里空空落落。在心底里，她仿佛早做好了最坏的准备，但病情恶化得实在太快。丈夫才60出头，很多人不是从退休那天开始，才开始做自己真正喜欢的事情的？他的爱好还没来得及经营，他的膝下还少个满地乱跑的外孙，他这坎坎坷坷的半截儿人生路还缺个让人满意的尾巴……老天对于他，太苛刻了。

十几天住院的日子里，李永德天天吵着要回家。这个寂静单调的白色世界，他不喜欢。

“好，好，回家。”李炳淑拍拍他的肩，轻声安慰。

从此，她眼见得丈夫的眼神慢慢茫然涣散，自理能力渐渐退步，好似又回到童年，变成了一个事事要人照料的小婴孩，而且是一个脾气糟透了的犟孩子。要劝着、哄着他吃饭吃药，随时处理他失禁的大小便，一件件为他换洗衣服，洗头、擦澡、剃须、剪指甲……即使夜间，李炳淑也要醒来几次，随时摸摸他的额头，如若有汗，那是血糖太低的征兆，要立即下床为他热饭。

病魔会改变人的性情，李永德更加固执，李炳淑更加温和。有时，她不禁生出点疑惑：当年对自己的女儿炜炜，是否能有这样的耐心和细致？

长期大量的心力交瘁是要付出代价的。2000年，李炳淑也病倒了，她做了一次大手术，左肾被摘掉。

两个年过六旬的老人，一对饱受病患煎熬的难友，考验严峻，日坐愁城。

2002年，李永德病情再次恶化。一个深夜，豆大的汗珠从额头涌出，鼻孔有呼无吸，情势紧急，幸亏李炳淑发现及时，才将他从死亡线上拉回。犯病的原因后来才知道，原来他未遵妻子嘱咐，少吃了一顿早饭。

“永德，你别这样，别给我留下永远的遗憾啊！”李炳淑握着他的手，眼泪啪嗒啪嗒地掉下来。

这眼泪多少换回了丈夫的小心，他再不敢“造次”，规规矩矩地一日多餐。

但是，病魔并没有因此放慢脚步。2002年，李炳淑在为丈夫洗脚时，发现他的脚趾变了颜色，吓人的惨白。

“永德，疼吗？”

“不。”

她以为是安慰。却见丈夫狠狠拧了指头一把，做给她看：“一点都不疼。”

她吓坏了，带他去医院，才知道这又是糖尿病恶化的结果。因为下肢血流量为零，指头会慢慢烂掉。为了避免感染，干脆锯掉。

神经全死了，连麻药都不用打。那几根脚趾，噗噗落下，如干枯的竹节。

李炳淑知道，丈夫的日子一天少似一天了。

这时节，医生犹犹豫豫地奉告：“后期治疗的医药费会越来越贵，而且都是自费，你们能接受吗？”

上海京剧院正处在工资改革的当口，李炳淑这样的一级演员，如果能登台演出，大戏每场800元，小戏400元。为了照顾丈夫，台是登不了了。只能拿1 500元基本工资，一拿就是两年。看病贵，看病难，她和普通百姓一样束手无策。

不管存折里还有多少钱，这时候是没有退路的。“就是砸锅卖铁，也要给他治病。”

力量使尽，即便是孑然一身，她的脊背也不会太冷。

他最终还是没熬过2004年。

满意的人生是哭着来，笑着去。李永德功德圆满，他躺在李炳淑的怀里，安详得好像睡着了一样。

最后一桩大事，是要为魂灵选择一块栖息地。

李炳淑在最中意的地点、精心挑选了最中意的印度红墓碑，上面镌刻着一大朵潇洒宁静的玉兰花，她坚信可以照拂心灵，安顿永生。

可惜，囊中羞涩。只好先交订金。余下的直到四年后年才攒够。2008年，她郑重安葬了他的骨灰，旁侧是空穴，等着百年之后的自己。

李永德的姐姐抱着她泪如雨下：“侬太对得起永德了……”

这有什么对得起对不起？

李炳淑朝着那朵硕大的玉兰，深深鞠了一躬。那花蕊中，仿佛有人影浮动，李永德那张熟悉的脸，一霎儿叹息，一霎儿微笑，一霎儿又有点怅然若失的悲凉。

斜风细雨织成了一张绵软的网，颤悠悠兜住了所有往事。苦辣酸甜都减了味道，过去了，许多事当年看来重如泰山，怎么也翻不过去，现在轻飘飘都变成了鸿毛，在杳杳冥冥处慢慢落下，孤寂寂的一片。

酒醒寒惊梦，笛凄春断肠，淡月昏黄。

他和她的生活就此画上了句号

结　　语

伶人身上，有一股特殊的气质。

他们往往两眼不闻窗外事，目光就局限在戏曲的世界里。戏比天大，光是唱、念、做、打的揣摩研究就足够耗尽他们所有的精力和体力，好容易挤出时间培养的一点爱好，也往往和戏有关。他们的世界非常狭窄，但因为狭窄而精专和深刻。朝代更迭，政治变幻，似乎与他们有不小的关系，但这种关系也仅仅局限于是否影响唱戏而已。他们好像非常懂得人情世故，善于打点上下，易于左右逢源。但一旦离开这个圈子，便会显得与普通人不小的距离。这种气质强有力地遗传给他们的后裔。

从李炳淑这一代戏曲演员开始，这种气质慢慢发生着变化，他们与社会联系的脐带越来越粗壮和强韧，政治敏感得到了迅猛的发育。由于个人气质不同，有人激烈地拥抱时代展现自我，或多或少地尝到了痛楚；有人谨慎规避，却往往剪不断理还乱。他们被时代裹挟着往前走，山重水复疑无路，柳暗花明又一村，跌跌撞撞中看清了自己，也明晰了前路，渐渐成熟。80年代的改革潮，90年代的经商热，都少不了他们的身影。他们终于蜕变成合格甚至熟稔的社会人。

但是，技艺最精进、处于金字塔尖上的演员们，心头是落寞的。这个时代，注定已无法形成新的流派。前辈大师的回声，远远听见，却遥不可及。演员们曾执着于模仿，模仿得越像越好，但模仿了又向何处去？王瑶卿早就说过："你学得再像，人家总是真的，你总是假的。"那么再否定之否定？或者打通流派充实腹笥？青衣嗓子亮而宽，可习梅派、张派，长于做工可学尚派、荀派，甚而可从裘派花脸里找媚劲，从麒派老生里找激情，聪明人总是生着慧眼的。——如果不能走得那么远，至少可以比较宽。这是20世纪80年代以后演员们所能达到的极限。

因此，梨园行渐渐出现这样一群人：也归派，但有丰富的个性色彩；也继承，但有灵活的个人创造；善于融汇古今，自成一格。这群人里，李炳淑是不紧不慢的健行者。她声音条件好，宽、亮、圆润、甜美、高低不挡，状态自信，感情饱满。和同时代坤伶相比，她有一条难得的“刚里带水”的嗓子——既可以像男演员一样刚毅遒劲，有直上九霄、浩荡无垠的健朗和空阔，也可以剔透、柔美、婀娜，像风吹动了水波一般掀起细微琐碎的涟漪。梅派做骨，张派为筋，渗透拧和，盘旋舒张，相得益彰。内行评价她具梅派之气势、气度，具张派之灵活、新颖、挂味儿，具样板戏之明快、深情、激昂、变幻无穷。我以为是合适的。

1981年中国唱片厂发行的说明书，李炳淑主演《贵妃醉酒》、《宇宙锋》

保持这样一种与传统并不背离、但又能被内外行普遍接受的艺术姿态，并不容易。说到底，这跟她的性情气质有不小关系。对于世事，她似乎若即若离、做事投入又并不强求，她的演唱也显得自然润泽，是用真实的嗓子优裕地运气发声，而非憋出来、挤出来。她的整个演出状态是自在的。她的性情从进入梨园那天起，已经纤弱但顽强地扎了根。不管你喜欢与否，迷恋与否，她都自自然然地在那里，人淡如菊。

很多观众为她花甲之后的半隐退状态而惋惜。这也没什么，她始终就没有把家庭看轻过。需要她上台做光芒四射的女主角，再难她咬着牙上；需要她挽起袖子操持家事，她也能心平气和地挤在长队中为几根油条一锅豆浆默默等待。江水英英气勃发，白娘子法力无边，但李炳淑会慢慢老去。带着这一代戏曲人的精神烙印，老去。

老去，是演员的宿命，但在梨园行更为残酷而已。用发福的体态和满脸褶子去演绎二八少女的难堪和难过，台上人和台下人都有切肤的体验。李炳淑比同龄人要显得年轻不少，穿上青褶子还是个合格三娘，但她知道腰身是明显地膨隆了。“扮上没法看。”话已被她说到了头，安慰的努力倒显得多余。

她经历过红尘喧嚣，世事芜杂，但这些都没能进入她的个人生活，她的生活底色，是安详宁静的灰。

她轻轻一转身，淹没在人海，淹没在梨园的幽幽长河中。

那是这代戏曲名角们常见的身影。

感 谢 录

在本书的写作过程中，多位专家和前辈百忙中抽出时间接受采访并慷慨奉献了他们记忆深处珍贵的回忆，在此一并表示真诚的感谢！他们是：

上海京剧院：方小亚、张达发、金锡华、忻鉴明、罗通明。

上海昆剧团：张铭荣。

上海戏剧学院：王经博。

原上海青年京昆剧团：陆汉文。

上海戏剧学院附属戏校：陈为瑀。

美国南加州上海联谊会会长、美国鹰龙传媒集团董事长苏盛义。

原上海文化局党委副书记、副局长蔡正鹤。

其中，苏盛义、蔡正鹤两位先生不辞劬劳，批阅了部分书稿并给予重要意见。苏盛义先生通过电子邮件，从大洋彼岸一次次发来细致的意见和恳切的鼓励，让我见识了这一代戏人的侠骨和热肠。此外，我的同乡好友、上海戏剧学院郭红军老师在繁忙工作之余，热心地帮我搜检了部分报纸史料文献。如果本书的参考文献部分还能为研究者提供一点兴趣和线索的话，此功非郭君莫属。

后　　记

当上海人民出版社资深编审、“菊坛名家丛书”主编唐燕能老师来电邀我接下这本书的写作任务时，上海正下着2011年的第一场春雨。凭我不大准确的第六感，这样的雨天总要发生点什么事，果然，事来了。

四个月的女儿打着小鼾睡得正香，她不知道母亲的脑子不够用了，到底是全心全意投身育儿大计还是背水一战再接再厉——《大武旦：王芝泉》刚刚定稿不久，喘息稍定，就又要开始一场新的战役吗？想好好休息一下，心里却有点小小的不甘。人就是这么矛盾，写书时天天希望能熬到落笔的那一天，等真的结束了，却有点空荡荡轻飘飘，好像一下子找不到生命的方向和意义，即便添了个孩子，多了一堆家务，仍然难以说服蠢蠢欲动的心。给导师宋光祖教授挂了个电话，他说写书是值得吃苦的事，咬咬牙就过去了。这个暗合我心的说法让我踏实。好，那就接下任务，写吧。

写作《青衣翘楚：李炳淑》从采访到定稿，我的时间一共只有八个月。压力无处不在，严密厚实平均地渗透在每一颗细微的空气分子里。但这没有什么要紧——微微的不适很快化作意想不到的化学反应，我竟然饭量日大，睡眠渐深，精力充沛，走路生风，似乎骨头里都响起了咯咯叭叭的声音。这是身体要迎接新一轮重压的自觉调整吗？也许是。要感谢肾上腺素，它让人类战胜了畏惧，迸发出热情，而且在这八个月里几乎取之不尽用之不竭。

八个月的写作是一个辛苦酝酿、奇妙发酵又反复选择的过程。有几个原则是贯穿始终的：要像海滩上捡贝壳的孩子一样将入中意的材料收入囊中，但注意不要洗得太干净，细沙也能增加存在感和诗意；而且要挑选那些最漂亮、最醒目、最有收藏价值的，择优录取，允许捡到西瓜丢掉芝麻；最重要的是，尽量不虚美、不隐恶，让贝壳原初的美丽自自在在地显露，如果上面有黑斑、有破损，也无须修补涂抹，太完美了反让人感觉是虚假的赝品。

我陆陆续续地把写好的部分拿给李炳淑老师看，不无紧张地等待她的反应。这是一位善良宽厚的长辈，除了时间、当事人的出入之类硬伤之外，在文学性的延伸上没有异议。这增添了我的胆量，也使这本传记能够摆脱一般意义上的“树碑立传”而越来越是真正意义上的文学写作。我得以从容地正视历史，自在地玩味历史，那是一个变幻摇曳着的王国，即便是一股扭动着身体即将消逝的淡淡青烟，也藏着欢喜和悲凉，需要好奇，也需要冷静，要散点，也要聚焦，要有追索，更要有担当。

当我把自己的手指轻轻叠印在这片不那么远的历史时，投入在以李炳淑为中心、以她的艺术人生为半径画出的这个圆时，这一方世界，终于沾上了我的指纹。我拿给你们看，有一点情不自禁的羞涩和感动。

但愿，你们别说：嗨，蠢妞儿，拿开你的手！

那就足够足够了。

2011年11月

参 考 文 献

1. 徐以礼:《茁壮的新苗——李炳淑》,《上海戏剧》1961年第Z1期。
2. 孙花满:《一点感受——香港演出札记》,《上海戏剧》1962年第3期。
3. 丁学雷:《“龙江风格”万古长青——评革命现代京剧〈龙江颂〉》,《红旗》1972年第1期。
4. 李炳淑:《红日永远照胸间》,《中国戏剧》1977年第3期。
5. 曹禺等:《在新的长征的道路上》,《中国戏剧》1978年第4期。
6. 刘光裕:《重新评价京剧〈龙江颂〉》,《文史哲》1979年第6期。
7. 之江:《水银灯下看〈白蛇〉——摄影棚里访李炳淑》,《上海戏剧》1980年第4期。
8. 陆铁军:《李炳淑小组在安徽》,《上海戏剧》1981年第6期。
9. 许姬传:《梅派名剧谈》,《上海戏剧》1982年第2期。
10. 吕健、吴平:《李炳淑的成长》,《戏剧界》1982年第4期。
11. 《上海戏剧战线体制改革正在积极推行》,《上海戏剧》1983年第2期。
12. 童祥苓等:《坚决走改革的正路——京剧体制改革座谈会发言摘记》,《上海戏剧》1983年第5期。
13. 张重光:《京剧演出奇观——三万人站在雨中看戏》,《上海戏剧》1983年第5期。
14. 安志强:《成功之路始于足下——上海京剧院改革见闻》,《中国戏剧》1984年第10期。
15. 葛士良:《中国戏曲学院简史(1950—1990)》,《戏曲艺术》1990年第2期。

16. 周舟:《"江水英"的今与昔》,《当代戏剧》1991年第2期。
17. 蔡世诚:《华夏一曲〈龙江颂〉谁人不识"江水英"——记著名京剧演员李炳淑》,《中国戏剧》1991年第10期。
18. 翁思再:《上海"名角经商热"面面观》,《中国戏剧》1993年第1期。
19.《患难见真情》,《江淮文史》1993年第6期。
20. 汪人立:《梅派唱腔音乐的美学品格》,《艺术百家》1996年第2期。
21. 沈志:《蒲公英——致京剧表演艺术家李炳淑》,《大舞台》1996年第4期。
22. 朱大建:《上海演艺界大别山义演散记》,《新闻记者》1996年第10期。
23. 南地:《"江水英"传奇——李炳淑与毛泽东的故事》,《江淮文史》1997年第2期。
24. 陈晋:《大众文化理想的曲折之旅——漫说毛泽东与通俗文艺(下)》,《通俗文学评论》1997年第4期。
25. 周安华:《论舞台戏曲的影视表现》,《学术论丛》1997年第4期。
26. 吴培文:《京剧发声技术初探》,《音乐研究》1998年第2期。
27. 谢柏梁:《〈杨门女将〉中的穆桂英形象》,《中国戏剧》1998年第6期。
28. 王莉鸿:《"江水英"重现长江大堤》,《中国戏剧》1998年第10期。
29. 陈朝红:《李炳淑告诉我:他太爱我了!——李炳淑夫妇印象记》,《上海戏剧》1999年第3期。
30. 金勇勤:《李炳淑的艺术人生》,《上海戏剧》2003年第1期。
31. 王晓飞:《毛泽东的京剧情缘》,《文史精华》2003年第9期。
32. 朱勇:《京剧〈白蛇传〉观后点滴》,《中国京剧》2004年第4期。
33. 朱广平:《浅析中国戏曲与中国电影》,《影视艺术》2006年第2期。
34. 袁成亮:《毛泽东情有独钟〈龙江颂〉》,《党史博采》2006年第2期。
35. 袁成亮:《现代样板戏〈龙江颂〉诞生记》,《百年潮》2006年第11期。
36. 李炳淑:《梅派名师杨畹农》,《上海戏剧》2008年第5期。
37. 金宝山:《江南红伶李炳淑(上)、(下)》,《中国京剧》2009年第7期、第8期。
38. 胡铁华:《李炳淑,一位京剧名家的人生追求》,《老年人》2010年第1期。

39. 马刚:《戏校同学短期公演》,《新民晚报》1960年12月21日。
40. 林慧:《排演更好的戏,向毛主席汇报》,《新民晚报》1961年5月7日。
41.《演更好的戏,答谢毛主席》,《新民晚报》1961年5月9日。
42.《上海戏曲学校实验剧团宣告成立》,《文汇报》1961年8月2日。
43. 曾远:《雏凤新声,灌制唱片》,《新民晚报》1961年8月8日。
44.《戏曲戏校排定本周演出剧目》,《新民晚报》1961年8月25日。
45. 张春华、禹学文:《戏曲学校京、昆实验剧团国庆节举行建团公演》,《文汇报》1961年9月23日。
46.《戏校实验京昆剧团迎接建团公演,两出大戏已排练纯熟》,《新民晚报》1961年9月29日。
47. 之江:《艺坛新葩晶光夺目,〈杨门女将〉神采飞扬》,《新民晚报》1961年10月6日。
48. 言慧珠:《新人崛起　奇迹纷呈》,《新民晚报》1961年10月7日。
49. 炎华:《〈杨门女将〉今起上演》,《文汇报》1961年10月5日。
50. 李湘:《对待艺术的认真态度》,《文汇报》1961年10月6日。
51. 赵景深:《〈杨门女将〉试新声》,《文汇报》1961年10月11日。
52. 张真:《〈白蛇传〉四套演员同场演出》,《新民晚报》1961年10月12日。
53. 周巩璋:《喜见戏曲队伍新生力量成长》,《文汇报》1961年10月13日。
54. 绿嘉、之江:《跃马横枪的正工青衣》,《新民晚报》1961年10月30日。
55. 钱仲联:《江南好》,《新民晚报》1961年12月20日。
56. 李伟庭、蔡国喜:《上海青年京剧团在香港》,《新华通讯》1962年1日30日。
57.《上海青年京剧团誉满香港》,《文汇报》1962年1月31日。
58. 蔡国喜:《前辈眼中看新秀》,《文汇报》1962年1月31日。
59. 蔡国喜:《同行的会见》,《文汇报》1962年2月2日。
60. 傅全香:《天才重要,还是主观努力重要》,《文汇报》1962年2月28日。
61.《明上演〈洪母骂畴〉》,《新民晚报》1963年2月8日。
62.《四出京剧现代戏举行观摩演出》,《文汇报》1964年3月18日。
63.《京剧现代观摩演出大会在京闭幕》,《人民日报》1964年8月1日。

64.《国务院文化组中阿友协对外友协举行宴会》,《人民日报》1972年4月30日。
65. 丁学雷:《"龙江风格"万古长青——评革命现代京剧〈龙江颂〉》,《红旗》1972年1月。
66.《上海市革命委员会主任张春桥举行宴会欢迎田中角荣总理大臣》,《人民日报》1972年9月30日。
67.《中日友好协会访日代表团成员分别拜访日本一些大臣和各界人士》,《人民日报》1973年4月20日。
68.《共同为普及革命样板戏而努力》,《人民日报》1974年8月30日。
69. 李炳淑:《从〈龙江颂〉的诞生看江青的画皮》,《人民日报》1977年3月2日。
70.《李炳淑演出全本〈宇宙锋〉》,《文汇报》1981年1月4日。
71.《李炳淑张晓蓓拜魏莲芳为师》,《文汇报》1981年1月6日。
72. 李炳淑、王树溪:《谈影片〈白蛇传〉并致观众》,《文汇报》1981年4月2日。
73. 之江:《眉目会说话的"哑奴"》,《新民晚报》1982年9月17日。
74. 容正昌:《李炳淑巡回演出归来信心足》,《文汇报》1983年1月26日。
75. 陈云生、来永祥:《上海京剧院李炳淑、李长春承包队在杭首演成功》,《浙江日报》1983年4月2日。
76. 新杰:《不让"挂餐校尉"登台》,《文汇报》1983年4月17日。
77. 崔东伯:《红杏一枝出墙来》,《浙江日报》1983年4月13日。
78. 春雨:《京剧〈虞美人〉开排》,《新民晚报》1983年8月27日。
79. 李庶敏:《师承名派,唱做俱佳》,《淄博日报》1984年2月28日。
80. 之江:《断桥边的古老情歌》,《新民晚报》1984年10月16日。
81. 于明显、张学文:《把艺术之花奉献给人民——访著名京剧演员李炳淑》,《农村大众》1986年5月31日。
82.《繁弦喜迎凤还巢》,《每周广播》1986年9—10月。
83. 白民功:《"白娘子"献艺先到抚顺》,《抚顺日报》1986年10月5日。
84. 孙良魁:《上海京剧院部分演员到鞍钢慰问演出》,《鞍山日报》1986

年10月17日。
85. 王湛宽:《识得程雪娥,忘却李炳淑》,《鞍钢日报》1986年10月18日。
86. 李炳淑:《给沈阳京剧爱好者的信》,《沈阳晚报》1986年10月24日。
87. 王齐:《前辈前现光辉,新人身手不凡》,《文汇报》1987年1月16日。
88. 徐维新:《京津沪中青年京剧演员联演》,《文汇报》1987年2月11日。
89. 徐城北:《"台上见"的遐思——有感于京、津、沪京剧联演》,《文汇报》1987年3月27日。
90. 齐彦芬:《李炳淑在巴黎唱京戏》,《解放日报》1988年4月6日。
91. 李群瑞:《魅力来自情真》,《营口日报》1989年3月26日。
92. 李德泰:《端庄秀丽,细腻传神》,《营口日报》1989年3月26日。
93.《虚怀若谷的"白娘子"》,《影剧文摘报》1990年2月25日。
94.《毛主席为李炳淑决断调动"官司"》,《影剧文摘报》1990年6月5日。
95. 杨中华:《津门展风采——访李炳淑》,《今晚报》1990年6月24日。
96. 翁思再:《"大青衣"忙得不亦乐乎——访京剧演员李炳淑》,《新民晚报》1990年8月28日。
97. 中原:《好一个"银屏公主"——看李炳淑主演京剧〈乾坤带〉》,《新民晚报》1990年9月3日。
98. 顾定海:《好戏永远留在观众心里》,《联合时报》1991年7月26日。
99. 郭永生:《〈龙江颂〉女主角沉浮录》,《解放日报》1995年5月29日。
100. 李炳淑:《毛主席请我吃炸酱面》,《上海文艺报》1996年5月17日。
101. 陈竹:《江水英话"龙江精神"》,《新民晚报》1998年8月21日。
102. 俞新宝:《"佘太君"与"穆桂英"喜相逢》,《解放日报》1999年3月7日。
103. 俞新宝:《心连观众,情牵慈善——访病中的李炳淑》,《解放日报》2000年12月8日。
104. 吴申燕:《李炳淑想念舞台》,《解放日报》2003年1月22日。
105. 邓伟志:《曾希圣的人才观》,《解放日报》2004年1月23日。
106. 刘晋锋:《白蛇传:戏曲电影曾经的辉煌》,《新京报》2005年4月17日。
107. 蔡楠:《〈流金岁月·相聚〉系列之〈白蛇传〉》,《中国电视报》2005

年9月26日。
108. 管丽娟:《李炳淑、方小亚当年没有信心演〈白蛇传〉》,《南京广播电视报》2005年10月7日。
109. 祝天泽:《“江水英”:走出一副好身板》,《健康时报》2006年5月15日。
110. 王树滨:《我何以迷上“张派”》,《文汇报》2007年6月3日。
111. 田盛强:《李炳淑:我不是江青培养的》,《中国电视报》2009年9月3日。
112. 谢虹雯、安志强:《张君秋戏剧散论》,中国戏剧出版社1983年6月。
113. 蒋瑞、王宏韬:《刁光覃、朱琳论表演艺术》,中国戏剧出版社1991年4月。
114. 戴嘉枋:《样板戏的风风雨雨》,知识出版社1995年4月。
115. 李太成、姚瑜:《掠夺与迫害——揭露“江青反革命集团”在上海市文化系统的罪行》,上海市文化局史志办公室编,1999年5月内部印刷。
116.《梅兰芳全集(1—8卷)》,河北教育出版社2001年5月。
117. 徐景贤:《十年一梦——前上海市委书记徐景贤文革回忆录》,时代国际出版有限公司2005年1月。
118. 刘澍:《中国电影幕后故事》,新华出版社2005年5月。
119. 江平:《我与电影人的亲密接触》,中央文献出版社2008年1月。
120.《梅韵流芳——杨畹农教学研讨纪念文集》,中国戏剧出版社2009年12月。
121. 孟庆春等:《毛泽东与共和国省长们》,中国长安出版社2010年5月。
122. 仲立斌:《京剧梅派唱腔艺术研究》,福建师范大学博士学位论文2009年。

图书在版编目（CIP）数据

青衣翘楚：李炳淑/张泓著．—上海：上海人民出版社，2015
（菊坛名家丛书/郭宇，徐幸捷，唐燕能主编）
ISBN 978-7-208-12846-0
Ⅰ.①青… Ⅱ.①张… Ⅲ.①李炳淑—传记
Ⅳ.①K825.78

中国版本图书馆CIP数据核字（2015）第045072号

丛书策划 唐燕能
责任编辑 林 青
封面设计 傅惟本

·菊坛名家丛书·
郭 宇 徐幸捷 唐燕能 主编
青衣翘楚：李炳淑
张 泓 著
世 纪 出 版 集 团
上海人民出版社出版
（200001 上海福建中路193号 www.ewen.co）
世纪出版集团发行中心发行 常熟市新骅印刷有限公司印刷
开本 720×1000 1/16 印张 15.5 插页 8 字数220,000
2015年5月第1版 2015年5月第1次印刷
ISBN 978-7-208-12846-0/K·2324
定价 38.00元